U0081999

PBL

專題式學習
從小就能開始

Implementing
Project Based Learning
in Early Childhood

著 莎　拉‧列夫 Sara Lev、阿曼達‧克拉克 Amanda Clark
　　艾　琳‧史塔基 Erin Starkey
譯 許芳菊

獻給幼教老師

以及那些教導他們的孩子

目錄

6　　　**導　讀** 不只是一種教學法 張淑玲

12　　**推薦序** 在幼兒時期實施「專題式學習」唐富美

15　　**推薦序** 打造一個支持自主學習、追根究柢的教室 陳劍涵

17　　**作者介紹**

18　　**圖表清單**

20　　**前　言**

28　　**幼兒「專題式學習」階段圖**

30　　**01**　建構主義的實踐：在教室裡創造「專題式學習」環境

68　　**02**　以學習者為中心的教學實踐

95　　**03**　專題計畫：一種統整的模式

130　**04**　重新定義研究：持續探究幼兒「專題式學習」

178　**05**　發展幼兒的讀寫能力：用「專題式學習」教導目的性
　　　　　　讀寫素養

211　**06**　將 SEL 置入「專題式學習」：培養獨立和合作能力

248　**07**　反思、回饋與調整：在學習過程中扮演主動的角色

290　**08**　分享所學：幼兒「專題式學習」的評量與公開成果

323　**結　語：邁向成功**

327　**致　謝**

332　**附　錄：專題計畫書**

351　**其他資源及參考文獻**
　　　（請掃 QRcode 獲得更多資訊）

不只是一種教學法

——讓學習迎向真實世界，
實踐「以學習者為中心」的教育目標

張淑玲

（昶心蒙特梭利實驗教育負責人）

2021年初，我受託於民間機構進行「專題式學習」（Project Based Learning，以下簡稱PBL）教學法研究時，在琳瑯滿目的論文及書籍中，有一本書深深地吸引我的目光，那就是讀者手上的這本書。

過去在討論PBL教學法實踐時，大多數人預設的實踐場域會局限在中學階段以上，甚少能夠看到中學階段以下的實踐案例，更遑論是在幼兒時期階段導入PBL教學法的可能。所以，當本書於2020年在美國出版時，作者們藉由自身如何在幼兒時期階段導入PBL教學法，藉以顛覆傳統上認為這種教學法僅適用於中學以上學程的迷思與誤解，並進行全面地解構與再建構時，實在是太令人驚豔！

這本書的誕生源於美國「PBLWorks全美教師會」高峰會時的會議與工作坊成果集結。書中的核心案例是由作者群之一的莎拉・列夫（Sara Lev），分享如何帶領一群4歲的孩

子，設計和創造一個符合他們的需求與想像，兼顧學習與遊戲的戶外空間。這個專案項目涉及的問題頗為複雜與真實，就算是更為年長的學生都不見得能夠順利地協力完成，更何況是幾乎不具備任何先備知識與經驗的幼童！如果連4歲的幼童教室裡都能進行PBL的教學，那麼其他以學生先備知識與能力不足，以至於無法推動PBL的迷思，幾乎成了不堪一擊的藉口。

本書展現PBL背後所連結的建構主義精神與要義，當然也為讀者提供了手把手的教學設計與指導。對於想要了解PBL要義，不想走上誤解PBL歷程冤枉路的教育工作者而言，本書更是深具啟發。

PBL教學法概念的原型最早見於美國當代著名的現代進步主義教育學派之父杜威（John Dewey, 1859～1952）。在杜威的教育哲學經典名著《民主與教育》（*Democracy and Education*）中，全面地闡述強調「教育即生活」、「學校即社會」等概念，並以之衍生論及強調兒童應該從經驗中學習，亦即其著名的從「做中學」（Learning by doing）的教育指導方針。之後，杜威的學生及傳承者克伯屈（William Heard Kilpatrick）延伸此一核心概念，提出所謂的「設計教學法」（Project method of teaching），之後更歷經演變，遂逐一完備成現今奠基於建構主義（Constructivism）的「專題式學習法」。

在這幾年各國推動的新興教改中，「以學習者為中心」（Learner centered approaches 或是 Student centered learning）幾乎是教改理念的聖杯。PBL 則是這幾年新興的熱門關鍵字之一。儘管教育工作者無不同意學習應該從「以教師為中心」或「以知識內容為中心」轉變為「以學生為中心」，但這個聽起來正確無比的教學法，其實挑戰了許多教學現場的運行慣性，甚至更暗示著「教」與「學」權力關係結構的改變。有的老師擔心，這是否意味著由學生主宰教學？老師喪失教學的主導能力，是否代表老師價值的下滑與失落？類似這種觀念上的迷思，本書都有一針見血的指引。

以上述迷思為例，作者援引潘尼茲（Panitz）（1922）所寫的：「以學習者為中心」意味著學生必須對於「要做什麼」以及「如何做」，提供自己的想法；「以學習者為中心」的教室，並不是由學習者所控制的教室。重點在於學生如何藉此被賦予「參與學習的權力」。在這一點上，無疑是真正體現杜威所謂「民主」與「教育」的真正意涵與價值。這也是本書所強調的，PBL 不僅是教學指南，更是價值觀的體現，在權力結構上真正賦權給學習者參與。所以就算是年幼如學齡前的孩子，只要能夠讓他們參與意見的表達，了解分工的模式，理解專題的最終目標，幼兒園也可以一起建立專屬於他們的戶外教室，讓這個學習產生真實的意義。

除了以上迷思之外，另一個在 PBL 推行上常見的擔憂，

則是PBL教學似乎是打破慣行的套裝知識學習模式，以至於學習會顯得混亂且缺乏系統。這種感覺起來「放任」的教學模式，會不會讓知識學習變得膚淺？對此，本書也提出關鍵的前提：必須深入了解建構主義學習理論，以避免這類學習災難的產生。

建構主義取向的理論主要來自皮亞傑（Jean Piaget）的兒童認知發展理論。建構主義理論認為學習者建構知識並非只是被動的接收訊息。對於客觀存在的世界以及所賦予的意義，皆是學習者基於自己的經驗所建構出的理解與詮釋。所以，親自直接參與是完成學習的關鍵，強調由實踐中學習的重要性與價值。

老師在進行PBL教學之前，如果沒有充分理解建構主義並提供學習的鷹架，那麼PBL教學必然會陷入雜亂無章且缺乏效率。所以，充分掌握建構主義的原則，是成功施行PBL教學最關鍵的要素。在本書中，針對建構主義理念所主導的課程設計發展模式以及五大教學原則，也有明確地詳述及說明，並提供生動的範例，讓這些抽象的教育哲學能夠被具象的理解。

另一個讓PBL教學成功實施至關重要的關鍵則是，能否找出知識與專題統整的方法。「統整」的方法論是讓大多數老師卻步不前的最大疑慮之一，這也是為什麼大多數老師都會認為，在開始一個專題學習之前，必須要先教會孩子許多

先備套裝知識，這樣孩子在進入專題時才能「準備就緒」。一旦老師進入這種準備模式時，PBL教學便會變成是老師需要額外準備的課程，導致老師可能礙於心力與時間限制，而放棄施行PBL教學。由此可知，學習統整的方法論也是至關重要的。

在PBL中強調的「統整」是「一種創新的方法」，著重在「圍繞一個概念」，來讓學科知識成為提供支援的方法。產生有意義的連結，讓知識的關聯性、深度與廣度得以開展。在本書中也提及統整的三種層次：「有意識的統整」、「平行的統整」與「自發性的統整」。利用這三種統整層次，老師可以引導學生成功地進行知識統整。在整個引導過程中，提問是重要的。對的「驅動問題」（Driving question）會引導出更有意義以及更有延伸性的學習與討論。

知識的整合本該就是世界運行的原貌。這個世界並不真的依照被分割為單一學科的知識在運行。然而，現今的教育體系硬是把知識課程拆解成破碎片段的樣貌。在社會分工日益精細的演變下，要能掌握跨領域的整合知識愈來愈難。藉由PBL，我們才有機會演練如何應用與統整這些套裝知識，讓這些靜態知識變成有意義的學習。

台灣歷經幾次由上而下的教改，從早年的以普及國民義務教育，提升全民知識為目標，進展為強調能力與知識並重，希望培養學生有「帶得走的能力」，以及到前幾年強調

素養教育，希望結合知識、態度與能力的108課綱，無一不在跟上世界變化的腳步。然而，儘管我們的教改一直在改變，現場教學模式的窠臼依然沉重。2014年「實驗教育三法」通過後，讓創新的教學模式與課程設計有了落地實驗的可能。本書雖然以幼兒期實施PBL為名，實則在國外近幾年來日益受到重視的PBL教學法上，有著從概念到指導手冊般的全面性涵括。

誠摯地希望本書的出版與引入，能為台灣的教育創新引發更多啟發與討論，也希望看到台灣有更多學校與教育機構團體能夠引進PBL與建構主義的精神，將學習的主體還歸給學生，這樣或許才是108課綱素養教育真正的解方！

在幼兒時期實施「專題式學習」

唐富美

（四季藝術兒童教育機構創辦人）

　　曾到四季藝術幼兒園參訪的訪客，都對於孩子們專注投入探索的學習態度、教室內充滿藝術美感的情境和學習區，以及豐富多元的幼兒作品，感到不可思議。外界也常驚嘆並好奇四季藝術的教師們，究竟如何帶領孩子在長達數月的專題研究上，展現深入方案探究、合作溝通、計畫執行與解決問題的能力。

　　尤其這幾年時代的急遽變化，為台灣的幼兒教育帶來必須改變的力量，家長們逐漸認知到孩子對於創新學習機會的渴望，也為教師們帶來教學創新的壓力和推力。在渴望教育改變的期待中，四季藝術曾舉辦兒童教育展，也舉辦多次的師資培訓活動，分享四季藝術教育理想的本土實踐，讓更多人看見兒童教育的無限可能，鼓勵更多教師投入方案教學「專題式學習」（簡稱PBL）的實踐，為台灣的孩子帶來更美好的學習與未來。

　　每一次看到參與教師的積極投入與熱情迴響，都讓我們感受到台灣幼兒教育現場的教師們不是不為，而是缺乏方法

與機會。所以，當我看見親子天下出版的《專題式學習，從小就能開始》這本書，真是非常驚喜，因為我相信這本書一定可以為渴望創新發展方案教學的台灣教師們，帶來有效的方法和實踐的機會。

書中介紹了五項建構主義的原則如何為幼兒教室的PBL創造條件，也透過深入的專題實例分享，探索這些原則的實際應用，讓讀者學習如何在自己的教室裡，建立一個建構主義的環境和機會，幫助孩子展開邁向實施PBL的旅程。

從實例中可以看到，教師如何透過搭建鷹架的教學方式，邀請學生進入學習過程，鼓勵他們分享觀點，以及將學習置於一個有意義有相關性的專題和環境中。隨著一路閱讀下去，會持續看到這些建構主義的原則如何引導孩子透過PBL，讓孩子從社會互動、動手操作和動腦思考的體驗中，深刻地展開有意義的學習。這提供給老師一個清楚的目的，去設計和發展PBL的方向。

我非常鼓勵大家積極擁抱PBL，不只是因為其理念與四季藝術本身的價值觀不謀而合，也是因為孩子真的能夠且應該在世界上扮演更積極的角色。在四季藝術，我們看見很小的孩子就可以開始參與PBL，這個學習模式鼓勵孩子們去探索他們與真實世界的連結，透過觀察與參與，盡情提問、合作擬訂計畫，面對困難與失敗，在解決問題的過程中貫徹想法，並為自己的教室、社區和環境的改變，貢獻自己的能

力。因此，孩子不僅學習到知識、技能，培養出素養，更重要的是，能更加了解自己身為人和學習者的意義，也與同儕、老師，及更廣大的不同團體成員建立關係，並在其中扮演重要的角色。

　　就讓《專題式學習，從小就能開始》這本好書，帶領您和孩子走上不可思議的 PBL 方案探索之路吧！相信這個學習模式不只會改變孩子未來的人生，也會讓身為教師的您，教學生涯充滿幸福與意義！

打造一個支持自主學習
追根究柢的教室

陳劍涵

（國立台北教育大學師資培育暨就業輔導處副教授、
台灣國際教育資源網學會 iEARN Taiwan 理事長）

多大的孩子才能進行「專題式學習」？莎拉‧列夫等三位專精「專題式學習」教師，在本書中開宗明義以「專題式學習」的實作歷程，說明帶領幼兒進行「以學習者為中心」的教學實踐。

「專題式學習」奠基於建構主義，強調「以學習者為中心」，利用與課程統整的方式，讓學生持續探究，並於過程中進行有目的的讀寫技能學習。學生不但培養獨立與合作能力，更扮演主動學習的角色，最終接受合宜的評量並公開學習成果。

書中主要作者莎拉提醒我們，學齡前的孩子已是獨立和善於溝通的人，能把豐富的知識、經驗和技能帶入教室，即使面對挑戰也是如此。透過此書，我們看到一個支持幼兒獨立且追根究柢的教室，幼兒在此互動合作，進行有意義的學習。誠摯推薦本書，讓我們一起相信學習的潛力。

莎拉・列夫（Sara Lev）

自 2005 年以來，莎拉一直在公、私立以及特許學校擔任幼教老師，同時肩負各種領導角色，支援老師進行社會與情緒技能的學習以及「專題式學習」。2017 年，她成為 PBLWorks 的全美教師會成員，在美國各地推廣「專題式學習」。她在紐約市濱河街學院（Bank Street College）獲得幼兒教學碩士。目前與丈夫和兩名兒子住在洛杉磯。

阿曼達・克拉克（Amanda Clark）

阿曼達是具有十五年教學資歷的小學教師、讀寫教學帶領人，並擔任教學輔導員十六年。她在愛荷華州的德雷克大學獲得哲學碩博士學位。她目前是師資培育的助理教授，幫助即將進入職場的準教師們學習「以學習者為中心」的教學法以及「專題式學習」，並應用在未來的課堂教學中。她目前是 PBLWorks 的全美教師會成員。她和丈夫住在愛荷華州德斯莫恩。

艾琳・史塔基（Erin Starkey）

艾琳自 2008 年從艾柏林基督大學畢業後，就開啟她的教書生涯。大學畢業後便加入德州教師研究員計畫，並於 2009 年獲得教育學碩士學位。過去經歷包括：課堂教師、教學輔導員，學區技術專員、課程編寫者以及研討會主辦人。她目前是 PBLWorks 全美教師會成員。目前與家人住在德州聖安東尼。

圖表
清單

圖

圖 1.1　列點陳述布魯克斯的想法

圖 1.2　開學前兩週教室旁的閒置空間

圖 1.3　用文字和圖畫呈現的第一個構想清單

圖 1.4　戶外教室家庭慶祝活動

圖 2.1　以學習者為中心的教室

圖 2.2　以學習者為中心的教室圖像

圖 3.1　定義統整

圖 3.2　「專題式學習」的統整三層次

圖 3.3　統整三層次之一：有意識的統整

圖 3.4　「有意識的統整」考慮事項

圖 3.5　統整三層次之二：平行的統整

圖 3.6　學生將 3D 積木分類、描繪和標示，以便儲放在戶外教室方便取用

圖 3.7　架上分類和標示過的 3D 積木

圖 3.8　「平行的統整」考慮事項

圖 3.9　統整三層次之三：自發性的統整

圖 3.10　一位小朋友利用形狀來創造她自己的木偶劇場設計

圖 3.11　「自發性統整」考慮事項

圖 4.1　專題的探究循環過程

圖 4.2　將孩子的原創故事張貼在木偶劇場以提供靈感

圖 5.1　目的性讀寫素養

圖 5.2　互動寫作範例：給來訪木偶師的感謝信

圖 5.3　木偶師來訪

圖 7.1　透過反思、回饋、調整，幫助學習者成長

圖 7.2　向來賓提問的評分表

圖 7.3　在參觀樂器行之前初始的樂器設計

圖 7.4　在參觀樂器行之後，有位孩子在他的設計中加上麥克風和其他細節

圖 7.5　美術老師安德里亞女士與學生一起合作，從初始的 2D 設計，
　　　　製作出一個 3D 的樂器模型
圖 8.1　評量的四個面向
圖 8.2　戶外教室地圖

表
表 1.1　建構主義的原則
表 2.1　重溫建構主義的原則
表 2.2　傳統的教室 vs. 以學習者為中心的教室
表 3.1　昆蟲主題的「主題式教學」與「專題式學習」單元
表 3.2　「戶外教室」專題中的統整
表 3.3　在各種學校環境中的統整
表 4.1　學生提問能力的進展
表 4.2　教室對話和莎拉的想法
表 4.3　與幼兒進行實地考察和專家到訪的考量事項
表 5.1　學生的寫作樣本
表 5.2　學生的寫作樣本
表 6.1　SEL 架構概述
表 6.2　在「戶外教室」專題中置入 SEL
表 6.3　三名學生一覽表
表 7.1　在「專題式學習」中使用反思練習的機會
表 7.2　在幼兒課堂上給予回饋的考慮事項
表 7.3　「專題式學習」中的調整策略與可能主題
表 8.1　社會與情緒學習
表 8.2　英語
表 8.3　數學
表 8.4　社會研究
表 8.5　科學
表 8.6　說與聽

前　言

如果有一本你想看的書，但它還沒有被寫出來，
你就必須自己動筆。

—— 托妮・莫瑞森（Toni Morrison）

　　當我告訴別人我在幼兒園教書，不論對方是否從事教育工作，通常都會給我兩種回應：「你一定非常有**耐心**。這份工作我永遠做不來。」或是：「喔，你教的是**嬰兒！**」（說話的人通常會歪著頭，伴隨著甜美的微笑，並深情地將雙手放在他們的胸口。）而當我告訴別人，我採用「專題式學習」（Project Based Learning，簡稱 PBL）來教 4、5 歲的學生時，他們的反應幾乎都是：「怎麼可能？他們還**這麼小！**」在我開始教學生涯的頭幾年，對這樣的評論通常會一笑置之，對於其中所隱含的訊息也沒有想太多。大家認為學齡前兒童無法參與「專題式學習」，是因為這個階段的孩子還需要人照顧、缺乏基本技能，而且無法團隊合作。

　　不過，現在的我已經把這種評論，當做是替年幼孩子辯護的機會，讓大人知道一件重要的事：學齡前的孩子絕不

只是嬰兒；他們是獨立且善於溝通的人，他們每天都能把豐富的知識、經驗和技能帶進教室裡。是他們讓我充滿了熱情與好奇，去思考：他們是誰？他們將成為什麼樣的人？孩子們的一言一行對我來說意義重大，我們在一起學習的每一天都讓我感到驚訝與鼓舞，即使是在面對許多充滿挑戰的時刻（顯然很多）依然如此。

我是個非常幸運的人，在我展開教學生涯之初，甚至當決定要成為老師的那一天起，就能認識到「專題式學習」，並且因著它的核心理念和價值，塑造了我的教學方法。我之所以擁抱「專題式學習」，是因為這種學習方式的價值與我本身的價值觀不謀而合，都主張兒童是獨立且喜歡追根究柢的；學習必須是有意義的，並且發生在團體與他人的互動之中；孩子能夠且應該在生活環境中扮演積極的角色。

在歷經多年教學經驗後，我更加確信這些價值觀。對於能夠一路走在「專題式學習」旅程中，我一向充滿感激，如今更與我的兩位同事兼朋友阿曼達（Amanda Clark）和艾琳（Erin Starkey），一同協助更多老師開啟「專題式學習」的學習之路。

我們相信，不論年齡大小的所有學生都可以參與「專題式學習」。學生藉由這種學習模式，將能夠學習許多關於他們自己和這個世界的功課。他們可以盡情地提問、擬訂計畫，並且貫徹他們的想法。透過「專題式學習」，孩子不僅

學到必須學習的內容，更重要的是，他們更加了解身為人和學習者的意義。他們能與同儕建立關係，也和老師以及更廣大的團體成員建立關係，並在其中扮演重要的角色。「專題式學習」巧妙地運用孩子們好奇的天性和興趣，讓他們探索與發現那些與自身生活直接相關、並影響到周遭人、事、物的有趣事物。

「專題式學習」是一種教學模式，在這個持續進行的過程中，學生會學習主動地建構知識，來回答某個「驅動問題」（driving question）或解決某項挑戰，最後在與同儕齊力合作下發表成果。所謂「專題」，指的是一個完整的學習單元，它是一個經過精心設計，並且需要進行好幾個星期、甚至好幾個月的單元。它不能與老師們俗稱的「專題」做混淆，後者通常是一次性、動手操作的活動，例如製作立體圖、海報等。「專題式學習」是讓孩子投入嚴謹的探究活動，讓他們在學習過程中成為積極的參與者。它整合了基本的學業以及社會與情緒技能，並賦予孩子學習的遷移能力，讓他們在教室之外也能進行新的學習。

身為PBLWorks*的全美教師會成員，我們有幸與來自全球各地、任教於各級學校的教師合作。許多國小與國、高中老師懷抱著熱情前來學習「專題式學習」，希望知道如何有

---

* 注：前身為美國北加州的非營利機構「巴克教育研究所」（Buck Institute for Education）。

效地帶領學生設計專題。有趣的是，有一些幼教老師仍然不相信「專題式學習」可以有效地應用在他們的教室裡。他們往往只是坐在工作坊裡搖頭思索，然後大聲宣稱：「當然，這種教學法對大一點的學生可行，但是**我班上的孩子絕對做不來**。」

「是什麼原因造成他們的遲疑？」我不斷思考這個問題，而當我問這些老師並請他們加以解釋時，他們透露出來的感受通常與所抱持的教育理念、當前的教學方式，或是對「專題式學習」的迷思有關。老師們經常提出的質疑是：「我的學生才剛學會認字，要如何參與研究和做專題？」他們假設年幼的孩子必須先被灌輸許多內容才能做專題，但光是做到這些，就沒時間做其他事情了。此外，老師們也不確定學生是否有能力獨立學習，以及是否能和同儕合作。他們很難想像年幼的孩子在學習過程中成為積極主動的一員，能對專題進行反思、調整、提供和接受回饋。他們擔心「專題式學習」缺乏任何評量方式以衡量學生的發展，也不確定孩子是否成熟到能夠公開地分享學習成果。

身為作者的我們完全理解這些老師的考量、擔憂，以及可能面對的種種真實挑戰。我們曾經帶過幼兒班與小學低年級的孩子，並輔導過學前班、小學低年級老師和學校的行政領導者。在本書中，我們將貢獻長期以來致力於兒童學習的研究，以及對於「以學習者為中心」教學法的了解、體會

與經驗，並特別針對幼兒階段的「專題式學習」做為本書主題，幫助讀者從頭準備就緒，帶著最年幼的孩子一起學習。在接下來的內容中，我們將討論那些經常阻礙老師實施「專題式學習」的障礙和假設。每一章的開頭內容，都是蒐集自全國各地教師的某種特定心聲，我們會試圖在一章接著一章的內容中化解每個迷思與誤解。

本書也將分享我在2018年至2019年的秋季，協助我在「過渡性幼兒園」（Transitional Kindergarten，簡稱TK）的學生所完成的「戶外教室」專題，這群年約4、5歲的孩子最後設計出專屬於自己的戶外教室空間。我的班級是由一群來自不同語言和文化背景的學生所組成。在閱讀本書的過程中，你將會遇見許多參與這個專題的孩子，並參與他們設法解決問題的過程。從中你將會發現，3至8歲幼兒發展階段的孩子是一個有能力、有想法、有覺察力的個體，他們能夠參與複雜且嚴謹的專題工作。

本書為讀者提供扎實的教學案例、學習體驗和教學策略，證明**運用適宜的方法，便可以將「專題式學習」落實在年幼的學習者身上**。在本書中，我們提供一些研究，幫助讀者克服存在於幼兒「專題式學習」的誤解。我們也刻意避免提供簡單的技巧和訣竅，轉而介紹比較實用的方法和策略，鼓勵讀者從嶄新的角度回頭檢視當前的做法。

在內文中，我們也設計許多與讀者輕鬆互動的機會，

名詞解釋

過渡性幼兒園（Transitional Kindergarten，簡稱TK）

是加州兩年制幼兒園的頭一年。符合就讀TK資格的孩子（在該學年的9月2日與12月2日之間滿五歲的學生）在完成頭一年課程後，接下來會正式進入幼兒園。不同學校的TK教室看起來會有些差異，它們有可能是獨立的，也就是自成一班的教室，也可能是和幼兒園班級混班上課。

以及專欄名稱為「反思與連結」的輔導時間，你可以把它想像成作者當中有一人坐在你的對面，陪伴你一同審慎地思考問題、連結你當前的做法，並在你計畫下一步時提供輔導與協助。在這篇前言之後，你會看到「幼兒專題式學習階段圖」，這份文件能幫助你辨識目前正在閱讀的構想，以及適合放入「專題式學習」的哪個階段。此外，我們還添加兩個具參考性的附錄，可做為內文提及相關內容時的延伸閱讀。

在閱讀每一章內容時，請保持開放的心態以尋求理解，並且試著想像「專題式學習」如何依照你所處的時空條件，在你的那群學生身上產生效果。我們知道每一種「教」與「學」的情境都會受到一系列獨特條件的影響，我們的目標是讓你親身體會「專題式學習」的可實踐性，為你在教室裡的

成功教學做好準備。

　　實施「專題式學習」可能意味著必須改變你原本的某些教學理念，開始遵循建構主義的學習方法，並運用「以學習者為中心」的做法來計畫、管理、教學和評量。你可能還需要捨棄一些過去習以為常且得心應手的做法，或者對一些驗證過的教學策略進行調整。我們知道，一想到要再「多做一件事」，有時會讓人感覺窒礙難行，但是**「專題式學習」並非在塞滿的時間表裡額外「多做一件事」。更清楚地說，它就是那件事，它就是那個工具**，用來將學業技能與知識內容，以及社會與情緒技能有效地統整在一起，來為孩子的讀寫能力打下良好基礎，並鼓勵幼兒在學習過程中扮演起積極主動的角色。

　　請務必記得，並沒有所謂的「完美專題」這回事。透過反思，總有一些可改進之處，書中提到的「戶外教室」專題當然也不例外。我們也知道，這個專題是在特定的時空（一個新的年級，加上一間空的教室）裡進行的，可能不容易複製與應用。但重點不在於「模仿」這個專題，而在於見證這些元素是如何在一個真實、並且與這個群體相關的背景之下，在這個時間和這個空間裡交織在一起的。**「專題式學習」最獨特之處在於，它可以（而且必須）適應你的學校團體，並且能應用在生活中。**

　　我們很高興翻開這本書的你對於「專題式學習」感到

興趣，誠摯地希望你能利用本書做為你的資源，也鼓勵你與夥伴進一步尋求額外的訓練，深入挖掘「專題式學習」的美妙，更歡迎你透過社群媒體跟我們聯繫。不論你現在處在「專題式學習」旅程中的何處，我們衷心盼望共同陪伴你走在這條實踐的道路上。

莎拉‧列夫
2020年1月

幼兒「專題式學習」階段圖

　　當教師準備計劃和實施「專題式學習」時，可以運用三大階段圖做為參考。三大階段分別為：階段1，發展和計劃某個專題；階段2，教師和學生一起執行專題；最後是階段3，對這個專題進行反思。

基本信念

階段 1
發展專題

建構主義的原則
以學習者為中心的做法

檢查課程標準與學習指標
準備進行有意識的統整
置入社會與情緒學習（SEL）
用現有的課程範圍和順序做平行統整
建立讀寫能力的結構
想像可能的真實公開成果
選擇學習目標
擬定驅動問題
撰寫專題摘要
考慮實地考察的可能性
計劃課程和體驗以便進行持續的探究
發展評量

由於本書是按照一般人普遍常見的誤解來編排書中章節，而不是按照執行某個專題的時間順序進行規劃，因此，這個圖也能做為一種導覽的功能，幫助你在閱讀中遇到新名詞或不熟悉的元素時，清楚明白它是位於「專題式學習」整體結構中的所在位置。

階段2
執行專題

帶動入門活動
引出問題並記入須知問題清單
投入持續的探究
注意自發性整合的連結
創造合作的機會
進行反思、回饋和調整的整合
重新審視須知問題
與來訪的專家建立聯繫
參與實地調查
計劃慶祝活動
建立學習檔案
記錄專題計畫書的增添與更改之處
發表公開成果

階段3
對專題進行反思

與同事討論
回顧專題計畫
思索成功之處
考量可改進之處

01

建構主義的實踐

在教室裡創造「專題式學習」環境

 「專題式學習」似乎過於開放且缺乏結構。
我能從哪裡開始呢？

　　幼教工作者對於「專題式學習」最常見的誤解之一，就是它似乎過於缺乏規範，加上過程需要由學生扮演主動學習的角色，因此認為「專題式學習」無法在幼兒階段實施。有些老師假設，在一種混亂且自由放任的教學模式中，如果教學過程的元素是零散又不一致的，那麼這樣的學習必然是膚淺的。對於不熟悉「專題式學習」能為「教」與「學」創造出各種條件的教師來說，這種假設看起來似乎是成立的，然而一旦了解「專題式學習」的背後理論依據：**「建構主義」**（constructivism）後，你可能會重新思考這個假設是否合理。

　　建構主義是一套學習理論，其基本前提為：學習者會藉

由與周遭世界的互動而創造出意義（Brooks, 2013；Narayan, Rodriguez, Araujo, Shaqlaih, & Moss, 2013；Woolfolk, 2013）。「專題式學習」是一種教學法，它的理論基礎結合了如何讓兒童獲得最佳學習的原理原則（知識建構論），並採取「以學習者為中心」的教育實踐。

　　「專題式學習」奠基於建構主義的信念，也就是認為**最有效的學習形式發生在知識被建構時**，這意味著透過與他人的社會互動，學生可以在既有的豐富知識與經驗之上，建立新的理解。這顯然與較傳統的哲學有著根本上的不同，後者視兒童有如空無一物的容器，需要經由具有知識與經驗的大人來填滿。依著這樣的教育哲學觀，教師實現教學目標的做法，就是有系統地把每個年段的教學內容教完。

　　因此，在正式展開你的「專題式學習」旅程之前，非常重要的一點是，先從了解建構主義的核心思想出發，如此一來，將能幫助你在你的教室裡，創造並維護讓「專題式學習」成功的條件。

　　正如同個人價值觀會無時無刻指引我們的生活一樣，建構主義也為教師提供一套價值體系，指引我們在教室裡做出重要的選擇和決定。也許建構主義對你來說是全然陌生的東西，或者你還依稀記得，從前修習師培課程時曾讀過相關文章，卻仍然感到有些陌生。也許你過去曾有運用「專題式學習」的教學經驗，卻完全沒有意識到它與建構主義之間的關

聯。無論目前的你處在光譜的哪個位置，首先要做的第一件事，就是熟悉建構主義的五大基本原則，如此一來，你將知道它們如何為「專題式學習」的實施奠定基礎。

布魯克斯（Brooks, 2013）在〈建構主義：將人們如何學習的知識轉化為有意義的指導〉（Constructivism: Transforming knowledge of how people learn into meaningful instruction）這篇文章中提到的觀點，能提供我們在深入探索「專題式學習」前，做為思考的起點：

> 根植於建構主義學習理論的教育目標是為學生提供機會，讓他們在當下運作最具優勢的狀態下**建構**理解力。提供**機會**的人則是由一位了解人是如何形成新概念（包括概念形成的**個人**特質與**協作**特質）的老師所設計、提供和管理的。（p.271）

根據上述定義中的「建構」、「機會」、「個人」和「協作」等用詞，我們很能理解為何有些老師認為「專題式學習」是開放式和非結構化的，這的確是這種教學法的元素之一。然而，如果對於這些用詞的背景理論與意涵缺乏深刻的理解，便很容易產生誤解，尤其當老師在尚未完全理解的情況下，便試圖將這些策略運用在教學之中，更會造成建構主義理論的誤用。

不管是教學者或學生，同時理解「專題式學習」的概念與實際應用是極其必要的。為了能在你的教室裡有效、徹底、有目的地實施「專題式學習」，我們必須對於建構主義的原則建立基本的了解。

現在，讓我們再閱讀一次布魯克斯的陳述語句。這次，我們試著用圖表方式（圖1.1），好好地領略字裡行間的含意，以發掘建構主義的原則。

讓他們在當下運作最具優勢的狀態下建構理解力

老師會建立學習鷹架並逐步釋放教導的責任，而不是在沒有指導的情況下，讓孩子獨自學習與發展理解力（Pearson & Gallagher, 1983）。

學習的機會是由某位老師所設計、提供和管理的

這位老師承擔著促進學習的角色。教室並非完全放任自由的，因為老師已經刻意安排差異化與有品質的學習活動，讓所有的學生都可以參與。

概念形成的個人特質與協作特質

學生積極地與他人一同建構自己的理解力，而不是透過直接的教導或沒有效率的分組安排來學習（Brooks，2013；Narayan et.al., 2013：Prawat, 19922）。

▲ 圖1.1　列點陳述布魯克斯的想法

這些原則不僅僅是教育指南，同時也是**價值觀**，這些價值將引導你的教學決策，激勵你創造的教室文化、計畫的體驗活動，以及與孩子的對話。採用「專題式學習」的教學要借重建構主義的信念與原則，以及我們從中所發現的價值。當你著手實施時，請認清這個事實：我們的教學不能止於**向**孩子傳授內容與技能；每一次的師生互動，每一堂計畫的課程，都反映出我們對孩子的**信念**。於是，教室不僅僅是「學習空間」，而呈現出我們對孩子抱持的價值所在，並且在每一次互動、每一個單元、每一分鐘和每一天，都是顯而易見的。它反映出身為教育工作者的我們是個什麼樣的人。

　　透過「專題式學習」實踐的建構主義原則，在於允許老師進行教學時賦予孩子權力，讓他們在自己的學習與團體的學習過程中，意識到學習的意義和與自己的關聯。孩子所參與的專題，也將同時呈現出老師如何看待孩子，以及孩子如何看待他們自己。

　　建構主義學習理論的五大原則（表1.1）為老師提供堅實的基礎，幫助他們發展出一個可以讓「專題式學習」成功運作的教室（Driscoll, 2005）。然而，比記住建構主義關鍵原則更重要的是（儘管它們也同等重要），當我們設計、發展與進行專題時，必須確認所做的每一件事，都能符合並強調這五項原則。

　　在我們為學生的深度學習創造條件時，這五項原則所秉

表1.1 建構主義的原則	
原則1	將學習置入複雜、真實且相關的環境之中。
原則2	提供社會協商與責任分擔的機會,讓它們成為學習的一部分。
原則3	支持多元觀點與多元呈現的內容。
原則4	鼓勵自主學習。
原則5	培養自我意識,以及對知識建構的理解。

持的價值和信念將引導我們的教學決策。身為教師的職責,便在於仔細了解每項原則,並且安排有意義的相關體驗,讓學生與同儕一起合作與學習。有別於傳統的教學方式依賴老師傳遞知識給學生,然後再檢查他們學到了什麼,「專題式學習」鼓勵學生利用他們的先備知識和經驗來建構知識,並在整個專題學習的過程中,扮演主動積極的學習者角色。

在建構主義的原則和價值觀引導下,當我們傾盡全力秉持這些信念做為教學工作的核心時,就能賦予孩子力量,讓他們在人生的道路上,知道自己可以當個有用的人。這樣的期許不僅是在孩子「長大之後」,而是身為年幼學習者的自己,在此時此刻就可以發揮影響力。我們希望學生知道,身為教室團體裡的一份子,以及教室外廣大社群的一員,他們**現在就可以為周遭世界做出貢獻**。

接下來，我們會從理論的角度，介紹建構主義的每一個學習原則。我們會明確聚焦在幼兒的「專題式學習」，並透過莎拉的「戶外教室」專題來做說明。透過這個專題計畫的執行與幕後籌備，你會親眼看到建構主義的原則如何引導莎拉的教學決策，以及如何落實這些原則於專題情境中。我們希望這樣的聚焦可以加深你對建構主義的了解，並且幫助你跟自己的教學做連結，進而為你在教室裡實施「專題式學習」奠定基礎。

　　在本書各章節中還包括其他的案例，說明在一般的情境下，每個原則能如何引導課程、教學和其他課堂中的決策。你還可以參考書中建議的「快速策略」專欄，用來具體地落實和應用這些原則。最後，即使現在的你仍置身在較為傳統的教學環境裡，一旦你開始試著以幼兒的眼光來看待建構主義的原則時，你將會獲得前所未有的嶄新教學觀點。

「戶外教室」專題：建構主義原則的實踐

　　開學前兩週，莎拉來到即將接任的TK新班級教室，開始擬定今年的教學計畫。這個教室的空間相對來說比較小，但與教室相鄰的是一塊空蕩蕩的戶外區域，從前這個空間常被用來存放東西，或是當汽車共乘時為孩子保留的空間（圖1.2）。莎拉一眼就看出它的潛力。她知道教室的實體環境會

反映出一名教師的價值觀，而她的價值觀是學生需要更多空間來進行學習。她立刻有一個想法：「**這應該會是我們的第一個專題。**」

　　莎拉做出的第一個教學決定是「讓4歲孩子成為自身學習環境的設計者與創造者」，希望透過這個構想來完整實現建構主義的五個原則。莎拉明白，就活動空間的大小和多樣性而言，小小的教室無法滿足4、5歲孩子的發展需求，需要額外空間以供實際使用。與教室相鄰的閒置戶外空間正好提

▲ 圖1.2　開學前兩週教室旁的閒置空間

供一個絕佳機會，能為孩子創造出一個**真實、相關**且**複雜**的待解問題。莎拉還知道，TK階段學習目標可以完整融入這個專題之中，因此他花時間仔細研讀《加州學前教育基礎》（Preschool Learning Foundations）與《美國各州共同核心課程標準》（Common Core State Standards，簡稱CCSS），了解幼兒園孩子畢業時所需具備的基礎能力，以及TK教師所應扮演的角色。當這些具體學習指標與實際教學目標連結起來，就可以為學生未來的真實學習打下堅實基礎。

在「戶外教室」專題中，會要求孩子在共同做決定時，就他們的需求與願望進行**協商**，藉此學習在團體中扮演**主動、分享**的角色。由於孩子必須根據自身背景和先前經驗提供設計的建議，老師也會誘導孩子運用多元觀點以及多樣化的形式來呈現構想，從中幫助他們尊重團體成員的多樣性。

藉由這個專題做為新學年的起點，莎拉期望自己在尊重與珍視孩子想法和經驗的同時，也能透過整個專題的實施原則——要求孩子在學習中採取主動，去思索自己想要以及需要的空間樣貌——來了解自己的學生。這個專題將有助於孩子發展自我意識，並了解學習是如何建構起來的。共同創造一個實體空間也為這群孩子提供一個機會，讓他們完成專題後，能實際看到自己學習的成果。

最後，同時也是最重要的，這個專題將會讓孩子擁有學習自主權。他們創造出來的教室，將會是他們每天學習和遊

戲的地方。他們會知道自己在創造這個空間上曾扮演過重要的角色，進而培養出一種榮譽感、自主權和承諾，願意維持這個空間的井然有序，並發揮它最好的效用。

儘管莎拉大可在孩子進教室前就設計並布置好這個空間，但是她判斷創造戶外教室會成為一個絕佳的真實機會，來教導孩子社會與情緒技能以及學業核心能力。隨著莎拉一步步發展她的專題構想，她決定出一個強而有力的驅動問題：「**我們如何創造出一個可以學習和遊戲的戶外教室？**」莎拉也知道，她可以將一些學習指標統整進社會研究、數學、讀寫、科學和社會與情緒學習（social and emotional learning，以下簡稱SEL）等相關主題。

她在腦海中確認戶外教室構想的基本結構，設計和計劃出她的專題目標：「**學生將自行設計一個戶外教室空間**」。他們將會跟某位設計師會面，在確定空間的關鍵元素之後，設計並製作出這個空間的布置圖。學生將會學習有關形狀、大小、設計、測量、故事、人物和表達技巧。最後，他們將與家人分享這個空間，並且一同慶祝學習成果。

接下來，我們藉由透視「戶外教室」專題計畫，來解析建構主義的五項原則，了解莎拉的教室是如何建立在建構主義的基礎之上。隨著你對這些原則的理解加深，我們鼓勵你參考「附錄1」的完整專題計畫書。專題計畫書在整個專題發展和設計的階段具有多種功能，尤其是在確認訂定的學習

目標與調整你的教學方法時特別有幫助。雖然這份文件包含的是一個高層次的大綱，但是它也含括細節，可以娓娓道出這個專題的來龍去脈。在整本書中，我們會一再回到這份專題計畫書，提醒你在計劃專題時需要注意和考量的事項。

建構主義：原則1
將學習置入複雜、真實且相關的環境之中。

創造一個學習環境，讓孩子可以在其中深度地參與學習內容，並與更廣大的群體建立連結，這是計劃和實施高品質「專題式學習」的關鍵。事實上，幼兒的啟蒙讀寫能力、數學概念、科學調查能力等相關指標和技能，都是幼兒學習階段的重點內容之一，我們期待孩子不僅具備這些技能，更能適性發展並將學習遷移至教室之外的實際應用與連結。

不幸的是，大人往往低估年幼學習者的智能，並試圖透過「可愛」的教學技巧、「友善兒童」的主題，例如泰迪熊、恐龍、大自然等，讓這些指標更「貼近」孩子。然而，當我們不去教導那些適用於教室之外廣大世界的技巧與能力時，就有可能冒著剝奪孩子與生俱來渴望探索周遭世界的風險。一個具有適度複雜度的學習環境，會吸引孩子投入真實的體驗，促使他們與別人合作，以解決具挑戰性的問題（Narayan et al.,2013）。

「專題式學習」要求學生研究一個具有挑戰性的難題或疑問。這些問題是由許多不同且互相關聯的部分所組成，它為學生提供機會，投入創造性思考、批判性思維和問題解決能力，建構起自己對這些內容的理解（Brooks, 2013; NaNarayan et al., 2013）。

　　如果你想要創造和維持這樣的學習文化與環境，首先，必須熟習課程標準和學習指標（Prawat, 1992）。然後問問自己，**這些技能跟誰有關、如何有關，以及在什麼背景之下有關**？對於幼兒來說，當學習與他們的生活相關時，孩子會更容易參與學習，這就是為什麼確認學習指標的相關性顯得如此重要。其次，建議你熟悉兒童發展的SEL能力，這能幫助你在計劃專題時，清楚知道該如何將這些能力，以自然而然且具體可行的方式，統整進專題設計裡。幸運的是，在製作「專題式學習」單元時，的確可以透過課程統整的方式，將學習指標和學習目標置入真實的學習環境中。

　　在「專題式學習」中，向學生提出驅動問題（引導這個專題進行的主要問題）以及設定明確的學習動機至關重要。例如在「戶外教室」專題這個例子裡，驅動問題是很清楚的：「我們需要這個空間來學習和遊戲」。莎拉預先就知道這個驅動問題，並希望確保學生了解：「為什麼我們必須幫忙？」然後，學生們必須知道在整個專題中，後續所做的每個決定背後的「為什麼」，例如：為什麼在決定最終計畫之

前，我們要先進行腦力激盪？為什麼我們要提早擬定詳細的計畫？為什麼我們在實際製造樂器之前，要先繪圖和設計？最後，莎拉所提出的驅動問題：「我們如何創造出一個可以學習和遊戲的戶外教室？」便是一個由「孩子所面臨的真實問題」而自然衍生出來的問題。

對幼兒來說，把複雜的問題拆解成較小的部分更能幫助他們解決問題，並在過程中獲得成就感。因此，莎拉把設計的挑戰分成幾個較容易掌握的步驟。例如：她問學生想要如何使用戶外教室區域，結果孩子們提出幾個構想，包括一個木偶劇場和一個樂器區。

接著，莎拉將這兩個構想視為專題設計中兩個較小的不同區塊，並在驅動問題的大傘之下提出一些問題，包括：「我們需要知道些什麼來建造我們的樂器區？」、「我們要如何為戶外教室設計一個木偶劇場？」

在這個過程中，還有許多學習會以真實且相關的方式置入專題之中。例如：為了讓孩子為木偶劇場設計木偶，首先透過練習讀寫，了解什麼是「人物」，然後依照孩子描述出來的特徵，繪製並裝飾他們的木偶。孩子也從中了解到，操縱木偶的人只有在音節的空檔，才會將木偶的嘴巴張開，於是孩子從操控木偶中練習音素意識（phonemic awareness）。

而為了建立幾何概念，他們在戶外教室透過組織新的積木區，來辨別和分類立體形狀。他們藉由邀請一位室內設計

師、一位木偶師和一位音樂家來指導自己。他們還寫了一封信給校長，並且當面把信朗讀出來，提出他們重新設計教室的建議。他們利用簡報技巧，向家長呈現未來的戶外教室。這些戶外教室「專題式學習」的例子都呈現出一種教室文化，在這種文化中，學習是與生活相關、並且是真實發生的。

莎拉在計劃時的意向性（intentionality），幫助孩子在他們所學的許多技巧和能力上找到目標。透過寫信、設計空間、想出採訪題目，以及組織材料等逐步建立起來的技能，都能在孩子完成專題後，應用於未來更廣泛的情境中。孩子最後也會感到莫大的成就感，因為他們知道，自己已經解決了最初的驅動問題，並在過程中一點一滴地看著它大功告成。

快速策略

將學習置入複雜、真實且相關的環境之中

1. 將學習指標與真實的情境結合起來。
2. 考慮孩子的發展需求。
3. 確認 2~3 個與這個專題相關的 SEL 目標。
4. 選擇相關且複雜的問題來設計你的專題。
5. 將複雜的問題拆解成可處理的部分。
6. 準備好向學生解釋「為什麼」。

建構主義：原則2

提供社會協商與責任分擔的機會，讓它們成為學習的一部分。

　　老師在實施「專題式學習」時，會創造並維持一種建立在尊重基礎上的課堂文化，目的在於為日後的學習發展出穩定的關係，並提供學生工具和策略，使他們成為獨立的學習者。老師則扮演著促進者角色，鼓勵學生透過分享和傾聽彼此的想法，學會用尊重的態度表達反對的意見，並在學習過程中積極參與、建構意義。這對於那些剛上學、還不太需要和外在世界打交道的幼兒來說，尤其顯得重要。

　　孩子在學習過程中培養起的溝通技巧，諸如傾聽、分享、輪流和協商，對於創造一個建立在合作學習、正向關係、相互依存基礎上的學習環境，無不發揮著重要的作用（Hammond, 2014）。在一個建立好基本規範與禮節的教室中，像是「回應式教室」（Responsive Classroom）、「探索教育」（EL Education），再加上老師的帶動討論，有助於解決即時發生的各種問題，並從中培養年幼學子超乎想像的合作能力與溝通技巧。

　　當老師願意花時間了解個別學生，幫助孩子發揮優勢，並支持他們跟同儕建立關係的情況下，更能培養孩子的SEL能力，發展出自我意識和對他人的同理心。孩子很快就會發

現，原來自己在群體中擔負著共同的責任，其他人也仰賴著自己的貢獻。於是，當大家遵循共同建立起來的教室文化，人人都能因此獲益良多。

在為年幼的學習者設計和實施專題計畫時，很重要的是，要透過有目的性的設計體驗，為孩子發展獨立性和合作技巧提供支持與輔助。當孩子在學習中扮演積極主動的角色，承擔起大部分的認知負荷、貢獻構想、反思所學，並根據回饋進行調整時，他們就會變成更加獨立的學習者。這正是「專題式學習」的價值所在，因為每一個專題的設定，都需要孩子思考驅動問題，藉由設計多個成品的草圖，並學會給予和接受同儕的回饋，才能發展出驅動問題的答案。

教室的實體環境也是這項原則的重要條件。建議以鼓勵團隊合作與責任分享的方式，來安排教室的空間，例如桌子與共用物品的擺放方式。另外，讓孩子擁有足夠的空間圍成一圈進行討論，也是基本要素之一。座位應該彈性安排，以利進行不同的分組。大人要信賴孩子能自行取得物品，並明確示範物品的維護方式。在學年之初，孩子藉由反覆地練習物品的使用方式，可以為他們創造培養獨立自主的機會，也讓專題的進行漸入佳境。

莎拉在開學後幾週採用回應式教室（Denton & Kriete, 2000）的教法向學生介紹常規和安排事項，他們一起制訂班級規範，並且對教室和學校的公共空間有了一些了解和期

待。當老師問：「我們要制訂什麼樣的規範，才能讓每個人可以學習，也可以遊戲？」這一刻，孩子們體認到自己對於教室與學習具有共同的責任，這截然不同於老師走進教室、直接貼上「班規」的方式，這種班規是**為**學生們制訂的，而非**和**學生們一起設想出來的。

莎拉從開學第一天就專注於團體的發展。她透過各種機會，像是晨會活動、下課和過渡時間的合作遊戲、彈性地更換夥伴，以及開放式座位，讓學生彼此了解並建立關係。這些都是在開學後的幾週內，有效建立有助於「專題式學習」文化的方式，讓孩子們從中感受到：我的意見是被重視的，我們對彼此而言都很重要。

為了把學生吸引到這個專題裡，莎拉精心策畫一個「入門活動」（entry event）。她邀請學生到戶外教室玩積木，希望他們會好奇於為什麼沒有其他素材可用。為了使用這些素材與保持區域安全，這個空間會促使學生練習**在某種社會情境下進行協商並分擔責任**。當孩子回到班級裡，莎拉問大家：「戶外教室的空間是一個玩積木的好地方，但是有一個問題，你們是否注意到，外頭除了積木以外，還有什麼其他的東西嗎？」學生們搖頭說沒有。莎拉說：「我很想知道，我們如何能讓戶外教室成為一個可以學習和遊戲的地方？我們可能還需要其他哪些東西？」

想必你也發現到了！莎拉藉由入門活動的學習體驗，直

名詞解釋

入門活動（entry event）
激發學生興趣，啟動探究過程的第一堂課或第一個體驗。

驅動問題（driving question）
形成此專題的疑問或提問。

須知問題清單（need to know list）
為了想要探索更多問題，以及為了解決問題需要知道的事做總彙整，老師的教學計畫也依照此清單來進行規劃。

公開成果（public products）
學生透過專題所創造出的成果，用來與更廣泛的觀眾分享自己所學。

接引進專題的驅動問題。它也引導孩子想出一個「須知問題清單」，引發了孩子最根本的好奇。

　　請注意，雖然莎拉事先就想好了驅動問題，甚至可以直接宣布：「我們有一個戶外空間，而且我們想把它變成一個可以學習和遊戲的地方。」但是，她卻一直**按兵不動**，直到缺乏素材來學習和遊戲成為學生的**共享經驗**時，她才提出驅動問題。這個驅動問題並不抽象，而且對學生來說是有意義和相關的，感覺像是直接從學生的生活裡蹦出來似的。

在整個戶外教室的專題中，孩子有很多機會和別人合作並分享自己的構想。他們最初的構想清單包括：一個木偶劇場、一個音樂區、一張零食桌、粉刷牆壁，以及一個擺書的空間（見圖1.3）。

在規劃空間設計時，孩子必須表達為什麼他們認為某些區域應該位在某些特定區域。當室內設計師來教室向全班展示她的「點子板」（Idea Boards）時，學生也試著建立起自己的點子板。然後，在分享構想之後，孩子必須就最終的選擇達成共識，各自創作出自己的平面配置圖，並剪貼上相應的

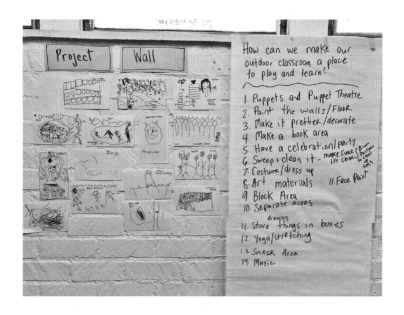

▲ 圖1.3　用文字和圖畫呈現的第一個構想清單

物品圖像，來代表戶外空間的不同區域。

　　責任分擔和**社會協商**的機會還不僅止於此。莎拉帶全班去參訪一家樂器行，在那裡，他們用小組合作完成樂器尋寶遊戲。後來，孩子們還設計出自創樂器，並對他人作品提供回饋意見，再對自己的設計進行調整，並和全班分享做出這個決定背後的理由。最後，孩子們也合作企劃出公開成果慶祝活動和家庭早餐時光。

快速策略

提供社會協商與責任分擔的機會，讓它們成為學習的一部分

1. 與學生共同制訂一套規範。經常複習這些內容，以便幼兒記住符合教室規範的行為，培養其獨立性。
2. 安排你的學習空間，以便適用於學習夥伴、小團體、大團體的體驗活動。
3. 計劃性地為學生創造多重機會，以體驗合作學習帶來的成就感，例如：透過遊戲、角色扮演、解決問題的任務等等。
4. 讓學生對教室的工作、決策和自己的學習負責。
5. 為孩子創造機會，學習給予回饋、接受回饋、反思所學，以及自我調整的過程。

建構主義：原則3
支持多元觀點與多元呈現的內容。

建構主義的第三個原則，是使用能確保內容從多元觀點和多種形式呈現的教學法。根據研究指出，透過多重感官來思索同一個主題，可以提升孩子對內容的理解（Driscoll, 2005）。同樣的，當教學內容以三種不同的方式（即大聲朗讀、觀賞影片、動手操作）做呈現，便能為學習者提供多種學習管道。使用多樣化的內容呈現方式進行教學，也是向學生傳達一則訊息：你也可以透過多元的方式來表達自己的想法。這項原則也要求教學者，當學生在分享自己的觀點並賦予所學意義時，我們必須盡全力支持他們。

「專題式學習」的目標之一，是鼓勵學生分享所學，並選擇自己想要呈現的方式。傳統的教室裡通常只會提供一種完成任務的方法，於是每位學生可能製作出千篇一律的「蝴蝶生命週期轉盤」，用同樣的顏色畫出秋天的樹木，或是把某齣戲劇表演的所有蘋果道具都塗成紅色。但實際上，與其將這些稱作是在「呈現學生的學習成果」，倒不如說是在照章行事。

更重要的在於，我們要鼓勵孩子去思考，**如何能以最好的方式處理和表達新訊息，發揮自我優勢來完成學習成果報告**。當學生懂得去思考自己的思維模式（後設認知），他們

會更能在學習過程中發展出自我了解與獨立性。

　　當孩子被鼓勵使用不同的形式去表現他們所學，例如用黏土、積木、顏料或繪畫等，他們也會從中探索出哪一種策略和工具運用起來最得心應手。在這個過程中，他們不僅將多元觀點的學習以多元的表現形式做呈現，也同時展現和深化學習成果（Krechevsky, Mardell, Rivard, & Wilson, 2013, p. 58）。而當學生觀察到同儕以有別於自己的方式發展專題作品時，這樣的學習是非常深刻的，他們從中會獲得前所未有的新發現。當學生有機會選擇學習成果的呈現方式，他們會了解到，原來每個人的學習和呈現方式都可以這麼不一樣。

　　第三項原則具有一個重要的面向，那就是**培養學生支持多元觀點的素養來看待他人作品**。你可以把學生與小組討論及以尊重的態度回應同儕，當做一種「迷你課程」（mini-lessons）*，這個課程不僅在學期之初就要進行，也要當做專題進行期間的重要提醒。當學生體驗到老師和同學願意傾聽自己的想法，他們會感覺到被尊重與被賞識。回過頭來，當他們做為傾聽者時，也會展現出同樣的尊重與專注。透過反覆地體驗與練習，幼兒也可以學會欣賞多元觀點，同時意識到自己的觀點，並學會清楚地表達出來。

　　在莎拉的教室裡，豐富的文化與語言多樣性自然而然地

---

* 編注：針對單一的教學目標，在短時間內，以直接示範的教學方式，教導學生所需具備的技能或策略的一種課程。

為專題帶進多元的觀點。舉例來說，學生對於木偶劇場的設計以及布置戶外教室的空間，都**從各自的觀點提出不同的想法，促成許多意見的表達與豐富的學習對話**。因此，莎拉除了提供預先剪好的木偶劇場形狀，也讓學生選擇並創造出自己想要的形狀，這為每位學習者提供了一個開闊的起點，不論他們的語言技能和背景知識如何。在教室裡聆聽不同觀點的對話，除了提供孩子設計上的建議，也讓全班免於陷入劇場建造的困境。

在整個專題進行過程中，莎拉經常讓她的學生運用不同形式來呈現自己的學習；有時大家使用相同的素材，有時各自從不同的選項中做選擇。在計劃專題時，莎拉自問：「孩子可以透過哪些不同方式獲取內容？可以如何展現他們的理解？」她向學生分享自己曾透過照片、插畫、角色扮演、積木、顏料、黏土、回收材料和音樂等素材來做呈現。於是學生在製作樂器時，也學會善用資源回收類材料，例如紙板、電線和塑膠等。製作木偶時也一樣，孩子在畫完簡單的草圖後，開始用布料、毛線和其他配件來裝飾木偶。每一個設計的專題，都是孩子從自己的經驗和觀點出發來發展的。

雖然每個孩子的學習能力和使用語言的能力各有不同，但他們都能一起工作和遊戲，因為他們可以用各種形式來進行學習。例如一位有特殊需求的孩子，透過樂器和木偶找到學習上的連結，他在自己的戶外空間地圖初稿上，剪貼出建

議放置物品的圖片。另一位以英語做為第二語言的學生，則指出教室的幾個區域，並用他的母語為這些區域命名，完成後，莎拉再用英語為他重複朗讀一遍。

發表公開成果時也要留意**多元呈現**和**多元觀點**的特質。當孩子在專題結束時企劃了慶祝活動，邀請家人一同慶祝他們的學習成果，他們建議用氣球和燈串來布置教室，還想出要「帶父母參觀教室的每個角落」的構想。至於發表公開成果方面，有些孩子自願在一群人面前演說；有些孩子想要透過原始的插畫平面圖來進行分享；有些人則想要一邊放幻燈片、一邊口頭說明；有些人選擇陪著父母到處逛逛，並介紹這些作品和不同的區域規劃。

支持多元的觀點與多元呈現的內容

1. 從低風險、非學業的話題展開討論，以激發孩子傾聽與理解的能力。讓孩子在快速、簡單的討論中，學習輪流傾聽、回應和分享他人的意見，有助於培養同理心和尊重多元觀點。
2. 為專題的某些面向提供結構化的界限，並為其他面向提供多元的選擇。
3. 提供學生各種素材與形式來展現自己的學習。

4. 使用循序漸進的鬆綁原則，根據任務的複雜度、專題的階段，以及學生學習的決策類型，慢慢開放選項的數量。
5. 多讓學生分享自己的作品，有助於提升其溝通技巧，並獲得調整語氣、音量和聲調的經驗。
6. 透過評分表和回饋意見，可提供孩子具體建議，讓他們知道自己還有哪些地方需要改進。

建構主義：原則4

鼓勵自主學習。

「專題式學習」在透過學生的問題啟動探究的過程，是激發自主學習的方式之一。老師適時善用搭建鷹架的策略，將有助於學生的各項學習。例如：在幫助學生的提問技巧搭建鷹架方面，像是「問題形成技巧」（Rothstein & Santana, 2011）、KWL圖表*、「閱讀和分析知識類文本」（Reading and Analyzing Nonfiction，簡稱RAN）圖表（詳見P.59**快速策略**），都是示範發展專題時很有用的結構，而且適用於所

---

* 編注：基於建構主義觀點發展出來的教學策略，主要在協助學生聯結先備知識與新的學習經驗。KWL分別指：What-I-**K**now、What-I-**W**ant-to-Know、What-I-**L**earned。

有幼兒。將孩子針對專題提出的問題用要點圖（anchor chart）或句型條做呈現，也是一種很好的策略，學生會因為每天都能看到這些問題和學習內容而感到充滿自信。當幼兒透過自己想出來的問題來推動學習時，就擁有對學習過程、內容與技能的自主權。

還有一些方式也能為學生的學習自主權搭建鷹架。例如：建立學習站、工作坊和學習角落，為孩子提供各式各樣的體驗，鼓勵他們對於學習內容提出疑問、建立個人看法。透過學生繪製的草圖、口述，或運用簡易文字完成的遊戲與反思日記，可以建立學生在提問與寫作技巧上的自信心。之後，透過分享這些成果，又能讓學生願意投入更高品質的工作，同時從中練習輪流與等待，以及有效學習聽與說。

透過同儕而不是依賴老師學習，可以讓學生對自己的學習負責。此外，互動式專題日曆、團隊契約、共同建立的任務清單也是很有用的鷹架，能裝備學習者所需能力，在主動的學習環境中欣然迎接挑戰。

鼓勵學生對自己的學習擁有自主權，同時意味著訓練學生找出適合自己的學習方式，並且學習辨認出自己何時學習，以及學習上出現了什麼問題。幼兒需要在有人指導及有鷹架輔助的情況下練習做決定，因此，我們必須把「學習做決定」的迷你課程置入教學中，幫助幼兒學會做出明智的選擇，以做為後續學習的鷹架。

哪些活動能幫助孩子練習做決定？或許先從簡單的選擇做起，例如：要坐在地毯上的哪個位置、要使用哪一種書寫工具，或是下課要玩什麼；再進展到較複雜的決定，例如：要先研究哪些問題，或是在某個活動期間要跟誰搭檔。如果老師不斷為學生做決定，像是總是幫學生分配座位和夥伴，或是告訴他們要問哪些問題，就形同剝奪學生學習做決定的機會（當然，做決定必須在設定界限或遵守某些指引的情況下）。總之，為了建立自主探究的教室文化，我們應該給予學生某種程度的決策自主權。

當我們看重學生的貢獻並認可其想法時，就是在支持他們自主學習。自主學習並不意味著每個孩子都各做各的，他們同時需要老師的幫助。它也不代表學生可以完全掌控教室，或是老師不需要做教學計畫。事實上，老師是與學生並肩同行，並在一旁謹慎且有意識地運籌帷幄，精心打造學生的學習體驗，並在引導學生邁向「專題式學習」的學習目標的同時，留下空間讓學生拓展好奇心。

當莎拉問：「這個空間**需要什麼**？」從那一刻開始，她就邀請所有孩子掌握學習自主權。她向孩子傳遞一則訊息：這個空間如果少了他們的構想，就無法被成功地打造出來。莎拉也積極地為孩子打造理想的學習環境，並在他們的先備經驗基礎上，擴大學習與理解的範圍，詢問他們的考量、構想和理解狀況。例如她問孩子：「你們之前看過木偶劇場

嗎？在哪裡看的？」「你們看過哪些樂器及樂器表演？」「你們認為這個空間適合哪種顏色？為什麼？」這些問題都表達出希望孩子貢獻自己想法的期待，共同讓戶外教室成為一個想像中的理想模樣。當我們只是純粹地把內容灌輸給學生，不僅一開始就剝奪學生的學習自主權，也會限制他們最終能為專題所帶來的創意與多樣性。

當莎拉詢問學生知道哪些樂器後，結果發現許多學生擁有豐富的知識和經驗，而且能夠說出多種樂器，其中包括「自己的聲音」。下一步則是建構知識，讓孩子決定想在空間中擺放哪些樂器。莎拉向音樂老師借了幾種樂器讓孩子探索，並討論這些樂器的差異與類似之處。她透過這種方式發展專題，進一步達成她心中的目標：讓學生設計自己的樂器。為了做到這點，她需要讓學生累積更多有關樂器的知識，包括它們的聲音、製作的材料以及演奏的方式。隨著他們更深刻地探索樂器，就能為戶外空間與自己的樂器做出更明智的決定。

莎拉也常問學生：「**你認為我們要如何做，才能了解得更多？**」這也是一種強調學習自主權的方式，鼓勵學生對「學習如何發生」貢獻想法。有一位學生就想到：「我們可以去參觀樂器行。」儘管莎拉已經預想到這個可能，但直到班上學生自己提出建議，她才宣布出來。其他被孩子提出來的構想包括：欣賞一場音樂會，或是拜訪某人。即使我們不可

能採行每一個建議，但很重要的是，我們必須尊重學生的每一個建議，至少要認可它的有效性。

　　專題完成後，孩子會再度透過規劃成果發表和家庭慶祝活動，來掌握學習自主權（圖1.4）。莎拉通常在專題開始之初，便對公開成果的發表有一個初步的想法，但仍留下讓孩子做決定的空間。例如她會問：「你們想要如何分享你們的學習成果？」然後由學生提出建議，包括：製作邀請函給家人、布置空間，向家人展示他們的木偶和樂器等。從專題初始的計畫到最終的成果發表，讓孩子從頭到尾真正擁有自己的學習自主權。

▲ 圖1.4　戶外教室家庭慶祝活動

鼓勵學生自主學習

1. 在整個專題中,善用策略呈現學生提出的問題。

   - 用KWL和KWHL(知道Know/Wonder/How/Learn)圖表,讚揚孩子已經知道的,並以結構化的方式記下他們的想法與問題。

   - 用RAN圖表鼓勵學生思考他們認為自己已經知道了什麼,以及還想知道什麼。幫助孩子辨認出錯誤的觀念,並標示新的學習內容。運用便利貼,可讓學生的問題容易被看見與互動。

   - 用「QFT問題形成技巧」(The Question Formulation Technique),幫助學生想出、組織,並排定問題的優先順序。運用圖像、引述或影片做為「問題焦點」,幫助學生盡可能列出(或口述)各種問題。在分享問題和繪製成圖表之後,再由老師協助學生選出優先問題並進行調查。

2. 為學生提供下一步選擇。像Plus／Delta(+/△)這種兩欄圖表的結構,讓學生可以在加號這欄中大聲反思這個專題的優點或優勢,並在三角形這一欄,反思這個專題需要改變之處,透過這種方式可賦予學生自主權。

3. 提供好奇的空間。例如營造一個好奇板或好奇牆區域，讓孩子寫下或畫下想知道的東西。這些東西可以跟專題相關，或是引導出未來的專題。

建構主義：原則5

培養自我意識，以及對知識建構的理解。

當孩子有機會參與後設認知的練習，例如制訂計畫並貫徹執行，觀察自己的想法和評量成果，將逐漸發展出理解自己的思維與學習內容的技能（Woolfolk, 2013）。當孩子進行持續性探究時，他們需要多種機會來建構知識和反思自己的成長。老師的示範、明確的指引，以及重複的練習，有助於孩子意識到自己內在的學習模式。對學生來說，參與專題工作可以讓他們在學習成功以及學習失敗時，自然而然地發展出所需技能並予以內化，換言之，學習是透過學生反思自己的思維、感受、行動和決定而建構起來的。孩子會開始了解到，**原來知識是這樣被建構起來的**，了解自己的思維、感受在過程中扮演的角色，並將這樣的認知應用到未來的學習。

「專題式學習」提供孩子一個獨特的機會，讓他們可以從頭到尾清楚地看見自己的學習。當專題開始進行時，我們

可能會在思考過後發現：「這個問題太**大**了，我們需要一起針對問題找出答案。」此時，我們與他們並肩同行，一步步引導他們完成學習之旅。

當我們幫助學生練習報告時，我們是教練。當我們試著評論某個學生的作品時，我們是導師。當我們用字母表找出學生想要寫的單字開頭發音時，我們是示範者。我們和學生一起學習，同時向他們坦承，有時候老師也不確定答案是什麼。這就是建構主義第五個原則所主張：**老師應成為學習的促進者，而非教室裡的主導者或是「權威」**（McCombs & Miller, 2007; Wurdinger, Haar, Hugg, & Bezon, 2007），我們要做的是創造學習的條件，並且讓學生著手建構他們的知識。我們所做的，就是在一路上提供結構與鷹架，來引導學生完成學習的過程。

我們要讓學生理解，學習是一個過程，而知識是藉由思維模型而建構出來的。我們要提供的正是這樣的機會，邀請他們經常進入那個過程當中。回到讓孩子選擇自己座位的例子，在為學生示範如何決定座位時，老師可以運用「放聲思考」（think aloud）來闡明思考過程，像是：「嗯……我會想要坐在前頭嗎？還是坐在後頭？我喜歡什麼顏色的地毯方塊？在這兩個朋友中間，有足夠的空間容納我的身體嗎？」為孩子示範大聲說出思維的過程，有助於讓他們經歷學習過程時，將潛在的想法化成語言。

此外，當我們使用明確的用詞來談論學習時，像是：「集中注意力」、「忽略干擾」，或是「成長心態」，幼兒會開始了解到，原來「學習」這件事是需要經由刻意練習一系列的技能（這同時是大人也需要刻意練習的技能）。我們更要提醒孩子，在他們感到沮喪或不知所措時，幫助他們發展這些學習者的必備工具。身為教師，我們要培養學生的正向態度和成長心態，讓他們在需要幫助時，能夠安心地承認並且開口求助。我們鼓勵他們利用自我基模、先前經驗和當下理解來建構知識，尊重他們對學校和學習的感受，善用成功和挫折經驗，以尊重他們的學習狀況，並計劃未來的課程。

有了我們的支持，孩子會更加了解是什麼影響他們參與學習和反思學習的能力。如果我們能夠促進孩子學業、SEL的內在聯繫，就是為「專題式學習」創造出最佳條件。「學業、社會與情緒學習協會」（The Collaborative for Academic, Social, and Emotional Learning，簡稱CASEL）將「自我意識」定義為「正確地認知自己的情感、思想和價值觀，以及它們如何影響行為的能力……能準確地評估自己的優勢和局限，具有充分的自信與『成長心態』。」當幼兒遨遊在學校的學習環境時，便開始發展出這種自我意識。**身為教師的我們，有機會幫助孩子了解他們如何經歷學習，以及他們每天為自己的學習帶來了什麼**。我們相信，這正是我們陪伴幼兒成為獨立的學習者時的重要工作核心。

「讓學生選擇」所傳達的訊息是：不論你現在程度如何、不論你的能力到哪裡，放手去做你想做的。

　　當莎拉開始計畫「戶外教室」專題時，她才剛開始認識這個新班級的學生，並進一步了解他們的發展狀況與特殊需求。在開學前六週，教學的重點放在透過遊戲、唱歌和其他活動來建立團體規範，也從中培養孩子彼此之間以及與老師的信任感，建立團體的安全感和歸屬感。此時（以及接下來的這一年），莎拉將自己視為一名教練，幫助她的學生發展和練習新技能，他們每天都對學習充滿期待。例如：當孩子接受新挑戰，或初次因嘗試做某件事而感到挫折時，我們必須花一點（或者更多）時間，來傾聽並了解他挫折的根源。接著，反映孩子的感受，並示範為這些感覺命名和表達的技巧。最後，提供因應的工具或建議的策略。例如：

　　　　盧卡，你看起來真的好沮喪，因為你不知道怎麼畫出一個三角形。我知道這種感覺會很難過。我在畫一些新的圖形時，有時候會這樣做，我會去想這個形狀的一部分，也就是一次畫一條線，然後想像這些線條的走法。你想從哪一條線開始？然後我們一起想想下一個。

　　當學生反思自己的成長，並為此感到自豪時，我們可以

試著用這種方式來表示這種感覺：「在學期剛開始的時候，你還不知道怎麼做這件事情，現在你會了！你的感覺如何？你看起來很自豪哦！」

重要的是，在這段期間內，莎拉不會要求孩子去做他們感到非常不熟悉的任何事情，或去要求（或強迫）他們去做他們可能還做不到的事情。所以莎拉經常細心地提供學生選擇，以便觀察對孩子而言，怎樣的難度算是「剛剛好」。例如：她知道並非所有的孩子在入學時都可以獨力寫出自己的名字，因此到了要把名字寫在紙上時，莎拉並未要求所有學生都照描或照抄卡片上的名字，她提供了選擇：有個孩子可以寫出她的全名（用她知道的任何方式）、她名字的某個字母，或是請老師幫她寫。不管他們能或不能做到，都會對這個新環境感到充滿信心，這是最重要的。

快速策略

培養自我意識，以及對知識建構的理解

1. 將 SEL 巧妙地置入課程、日常發生的真實情境，或是採取統整方式進行，為孩子的 SEL 能力搭建學習鷹架。

2. 示範「放聲思考」，例如用「我想知道……」的句型，讓學習過程變得更加清晰。
3. 辨識何時及如何支持學生，以促進孩子體會「有建設性的困難」（productive struggle）。考慮何時該提供答案或「幫助」、引導和支持，而不是直接給予解決方案。
4. 善用教學策略，讓學生具體地看見自己的學習軌跡與學習方法。

反思與連結

　　請理解每一個建構主義的原則，以及它們彼此之間如何自然地交會與重疊。這些核心價值將指導我們如何建立班級規範、設計並開發課程，促進學生的學習。在結束第一章前，請花點時間反思你讀到的建構主義概念，以及它能如何為成功地實施「專題式學習」奠定基礎，試著回答：

- 你注意到了什麼？
- 與你目前的做法有什麼連結？
- 什麼拓展了你的思維？
- 你還想知道什麼？

莎拉以各種方式讓學生看見學習的過程。當學生想知道有哪些不同的樂器時、當他們準備會見專業木偶師時，或是當好奇如何在戶外教室裡打造一個音樂區時，莎拉會把學生問的問題都放進圖表中。她每天都會刻意溫習這張須知問題清單，並和學生在討論的過程中，畫掉已經回答過的問題，有助孩子理解還有哪些是待解答的問題。她示範自己的思考和提問過程，以便讓孩子看到學習是如何發生的。「專題式學習」具有巨大的潛力，運用許多方式邀請孩子進入學習過程。身為教師的我們也有必須扮演好的角色：**善盡責任確保學生知道他們在學習什麼，以及為什麼要學習，幫助他們看見學習是如何發生的，以及了解知識是如何被建構的。**

戰勝誤解

還記得嗎？在對幼兒實施「專題式學習」時，我們從哪裡開始？我們並不是從一紙計畫書開始，而是首先細心地確認涵蓋的課程標準、精心地安排日常課程、選擇相關的討論主題，以及可執行的評量方式。

雖然沒有擬定計畫書，但不意味著「專題式學習」是開放式和非結構化的，即使這些元素都會出現。**我們首先必須從一個理念系統開始，接著，遵循**

這個系統，安排教室裡「教」與「學」的進行方式。
這個理念系統亦即**建構主義**的原則，是進行「專題式學習」各階段的核心。因此，如果沒有充分理解建構主義的五項原則就急著實施「專題式學習」，過程與結果就會顯得混亂且無效。相反的，一旦你了解「專題式學習」具有一個實實在在的結構在那裡，你所制訂的計畫無論對你或學生而言，就會具有方向、目的和意義。

這五項原則無法單獨存在，你可以從每項原則的個別描述中明顯地看到其重疊性，從莎拉的「戶外教室」專題中，也能看到她如何應用這五項原則。透過搭建鷹架的教學方式，邀請學生進入學習過程，鼓勵他們分享各自的觀點，以及將學習置於一個有意義、有相關性的專題中，這些都只是「專題式學習」核心裡的一些主要概念。隨著你一路閱讀下去，會看到這些原則如何引導著孩子的學習。

建構主義強調孩子會從社會互動、動手操作，和動腦思考的體驗中不斷學習，這給予身為老師的我們一個再清楚不過的目標：努力地設計和發展「專題式學習」的單元。遵循這個理念體系的價值觀將不斷鼓舞著我們，引導年幼的學習者參與群體的學習之中，參與充滿樂趣的學習過程之中。

\02/

以學習者為中心的
教學實踐

Q 我必須掌控我的教室，
因為這樣學生才有辦法進行學習。
給學生過多選擇，會讓我感覺很混亂。

在第一章，我們開宗明義地介紹建構主義的五項原則，它們是在幼兒教室裡實現「專題式學習」所需的必要條件（表2.1）。接著，我們分享了莎拉的「戶外教室」專題，探索上述原則的實際應用，讓你構思自己「為何」以及「如何」在教室中建立一個建構主義式的環境，正式開啟你的「專題式學習」旅程。

接下來，我們將一同深入並悠遊其中，了解「以學習者為中心」的教室在建構主義的架構下，究竟「看起來」、「聽起來」、「感覺起來」像什麼。

根據麥克姆斯（McCombs）和惠斯勒（Whisler）的說法（1997），「以學習者為中心」是一種同時聚焦於**學習者**（他們的先天條件、經驗、觀點、背景、天賦、興趣、能力和需求），以及**學習本身**（關於學習如何發生、何種教學方式最能有效地促進學習者的動機、學習品質和成就等）的觀點（P.9）。

　　「以學習者為中心」一詞可能會挑戰許多教師的信念，因為那意味著由孩子**主宰**教學，教學可能會被孩子的興趣和問題牽著走，而偏離預期的課程目標與內容。然而，正如潘尼茲（Panitz, 1999）指出的，「以學習者為中心」意味著學生**必須對於「要做什麼」以及「如何做」，提供自己的想法**（P.11）。

表2.1　重溫建構主義的原則

原則 1	將學習置入複雜、真實且相關的環境之中。
原則 2	提供社會協商與責任分擔的機會，讓它們成為學習的一部分。
原則 3	支持多元觀點與多元呈現的內容。
原則 4	鼓勵自主學習。
原則 5	培養自我意識，以及對知識建構的理解。

然而，這樣的教室型態並非完全由學習者所**控制**，也不代表每個孩子都有自己的個人學習計畫。它與傳統課堂之間的差異在於，我們認知到孩子適性發展的需求。進一步地說，在「以學習者為中心」的教室裡，學生的學業、社會與情緒的需求與想法等相關議題，才是教學決策真正的「中心」。遵循建構主義的原則，讓我們知道關於「孩子如何能學習得最好」的理論（知識建構），而這些原則和「以學習者為中心」的教學前提之間的交會處，正是最適合實踐「專題式學習」的溫床。

　　「專題式學習」是一種促進學習體驗的結構，在這種結構中，學生從頭到尾都被賦予參與學習的權利。從莎拉的「戶外教室」專題中我們可以清楚地看見，貫徹在專題執行的每個階段中的價值觀和教學理念。在學生來到戶外空間時，她啟動了這個專題，並運用學生提出的想法和問題開啟探究的過程。隨著孩子發展出知識、技能和氣質，最終決定舉行一個與家人和來賓分享的公開成果活動，在專題的每個階段裡，孩子的發展、需求和興趣，都是「教」與「學」的核心，正因如此，學生從中學會對學業負起責任（Pierce & Kalkman, 2003）。

　　相較於其他年齡層的孩子，幼兒教室更是一個建立「以學習者為中心」學習環境的絕佳機會，因為幼教老師深刻地了解跟學生建立關係的重要性，並「認知到全人學習者在社會、情緒、身體和學業上的需求與優勢」（Pierce & Kalkman,

2003, p. 127）。幼教老師也相當清楚，「以學習者為中心的教學提高了遊戲性，並帶領孩子探究並建立日後學習的基礎」（Diamond, Grob, & Reitzes, 2015, p. 7）。簡而言之，「以學習者為中心」的教室專注在個人需求，同時也持續致力於激發學習的有效教學。

「以學習者為中心」教學模式的前提

麥克姆斯和惠斯勒（1997）在《以學習者為中心的教室與學校》（*The Learner-Centered Classroom and School*）書中建議，「以學習者為中心」的教育模式要建立在五個認知前提之上：

1. 每個學習者是不同且獨特的。
2. 學習者的個別差異包括：情緒狀態、學習速度、學習風格、發展階段、能力、天賦、效能感，以及在學業和非學業上的特質與需求。
3. 學習是一個建構的過程，當學習內容與學習者相關且具有意義，以及當學習者積極參與時，學習的效果最好。
4. 在正向的環境中，會有最好的學習效果。正向的環境包括正向的人際關係和互動，以及自在與有秩

序的氛圍。在這樣的環境中，學習者會感覺到被欣賞與被感謝，並受到尊重與認可。

　　5.學習的本質是一個自然的過程。學習者天生好奇，並且有興趣想要了解和探索這個世界。

　　由上述五個前提發展的「以學習者為中心」的教室，與「以內容為中心」的傳統教室有著天壤之別。「以內容為中心」的教室裡，老師通常是權威中心，他們在乎的是學生是否「認真做功課」和「乖乖聽話」，而不是讓孩子參與和他們密切相關且嚴謹的學習體驗。有些人誤以為「以學習者為中心」的教室是缺乏秩序與結構的，相反的，為了維護「以學習者為中心」的環境，老師往往必須花時間建立班級常規，以創造出能讓學生培養獨立、自信和能力的教室文化。

　　在傳統以老師為權威中心的教學模式中，考試、評量基準和成績往往帶動了教學決策；相較之下，在「以學習者為中心」的教室裡，老師則負責讓孩子參與學習過程的策略。「老師同樣關心學習者和學習本身；學校教育的最終目標是促進學習者的學習；**當學習者成為學習方程式中不可或缺的一部分時，他們會學得最好。**」（McCombs & Whisler, 1997, p. 14）我們深信，「專題式學習」可以讓老師專注在個別學習者，同時也能維持對整體學習的關注。

「以學習者為中心」幼兒教室的特徵

以下是我們爬梳文獻（Diamond et al., 2015; Hammond, 2014; Helm & Katz, 2016; McCombs & Whisler, 1997），並歸納過去的經驗，彙整出「以學習者為中心」教室的主要特徵。

學習的目標

- 發展出對內容的概念性理解，在各主題之間做連結，並將知識應用到陌生與新奇的情境之中。
- 發展和提升學生的SEL能力，以及促進氣質和認知能力的成長。

教室的環境

- 讓學生擁有對空間的自主權，例如：允許學生選擇自己的座位，並鼓勵將座位圍成圓形來進行討論。
- 提供更換座位的彈性。附上寫字夾板，讓學生可以在地毯或地板上建造他們的工作空間。
- 反映孩子的學習狀況。善用要點圖、專題牆、美勞作品和其他學生創作的素材，以即時呈現教室裡發生的事情。
- 以團體為基礎，彼此共享學校提供的所有材料。通常材料會放置在教室周圍的數個箱子裡，以方便每

個人輕鬆取用。

老師的角色

- 是學習的促進者，為學生提供與同儕對話的機會。
- 鼓勵學生探索，同時平衡課程目標與學生興趣，並善用「文化回應教學法」（culturally responsive teaching）＊。
- 鼓勵「有建設性的困難」（productive struggle），並與所有學生建立融洽的關係與信任感。
- 設計嚴謹的學習體驗，以供學習者探究和調查。

學生的角色

- 在整個學習過程中，透過探索、提問、回答問題和探究，積極地獲取知識和技能，進而形成理解。
- 在學習體驗中貢獻構想、觀點和見解。
- 反思學習過程，設定目標，並參與自我監測和自我評量。
- 與同儕合作，建構意義。

＊ 編注：是多元文化教育發展出來的一種教學取向，著重於回應學生的社會及文化脈絡，並統整學生的文化內容。

課程的設計

- 由多種來源和觀點組成。
- 專題的設定方向與深度，通常是透過學生的興趣和（或）問題而發展出來的，並建立在學生目前對該主題的了解程度上。
- 被視為是一整年旅程的路線圖，而不是讓學生從A點到B點的線性計畫或分層計畫。

教材的規劃

- 依照專題類型、期望的專題成果、學生的需求以及相關性而有所不同。
- 根據學生探究的主題而驅動的實驗、觀察、操作、模擬和遊戲，來進行規劃與選擇。

問題解決

- 基於民主和討論而形成決策的過程。
- 允許學生有機會練習和展示解決問題的策略，不論是在學業上或生活情境中。
- 建立在師生共同建立的規範和禮節上。
- 是一個建立在循環式修正的實踐過程。
- 教導學生堅定、自信，鼓勵他們尋找多種方法，來解決任何可能出現的問題。

評量的方法

- 本質上更接近形成性評量。
- 評量項目包括：內容的知識和學習的過程。
- 評量方式包括：老師的觀察、軼事筆記、討論參與、學生的報告和作品集等。
- 允許老師調整課程、確認理解狀況、給予學習者回饋，並提供鷹架和支持，以確保所有學生都能成功地實現專題目標。
- 鼓勵學生自我反省。

反思與連結

在研究「以學習者為中心」的特徵和幼兒教室時，請停下來思考：

- 「以學習者為中心」的哪些做法與你已經在使用的相似？
- 你對「以學習者為中心」的信念和假設是什麼？
- 你對「以學習者為中心」的哪些理念具有共鳴？
- 為了實踐「以學習者為中心」的理念，你可能不得不放棄的是什麼？
- 你認為自己在教學的哪些方面可能還需要成長？

接下來，我們將闡明「以學習者為中心」的教室「看起來」像什麼、「聽起來」像什麼，以及「感覺起來」像什麼，以便幫助你想像「以學習者為中心」的理念如何在你的教室裡實踐。首先，我們邀請你從裡到外**看看**這種教學環境的實體特徵。然後，請你想像一下在教室裡**聽到**的聲音。接下來，請你體驗在「以學習者為中心」的教室裡教學與學習的**感覺**如何。藉由強調出這些元素，你將能和你的學生一起為實施「專題式學習」建立扎實的基礎。

「以學習者為中心」的教室「看起來」像什麼？

當你進入「以學習者為中心」的教室，你會**看到**什麼？學生在做的、使用的，是哪些類型的素材？你會發現：他們正積極地參與調查。在教室裡自由地走動。進行獨立作業，或是和小組、夥伴一起工作。他們會利用各種素材，透過藝術、戲劇、科學、寫作、數據和圖表，來表達和呈現自己的學習成果。他們在真實的生活情境中一同遊戲、彼此互動與交流。使用真實的工具或是與真正的專家交談。能以流暢地、自然地的方式與學習內容互動。老師則可能在帶動討論、一對一諮商、支援實驗，或是在監督學習角落。

你可能還會注意到教室裡的**實體空間**。為了讓學生在學習中擁有自主權，這個實體空間必須培養孩子的獨立性，並

且反映孩子的背景、能力和經驗。我們的教室，象徵著學校做為一個教育機構、老師做為一名教學者，所抱持的價值及信念的公開聲明（Tarr, 2004）。教室空間的安排，反映出老師對課堂運作的理念，對創造與維護教室文化有著深遠的影響。如前所述，如果我們相信幼兒可以承擔起照顧物品的責任，那麼就應該將這些東西擺在那裡任他們取用，而不是收進櫃子等到老師上課要用到時才拿出來。同樣的，如果我們希望培養孩子自主選擇最有助於自己學習的方式，那麼就應該為他們搭建鷹架，並提供彈性選擇座位的機會。

在這樣的學習環境中，教室元素包括：

（1）展示牆：上面會有照片或圖表，用來記錄學習並與他人分享。透過這些展示品，傳達出班級討論的情形、在探究過程中捕捉到的構想，以及其他來自孩子的學習對話節錄。

（2）班級禮節和規範：以友善兒童的語言將這些規範張貼出來。

（3）學生作品：老師在設計「以學習者為中心」的教室時，也許會刻意在學年之初時，讓這面牆保持相對地空白，以便後續能貼上展示孩子學習成果的作品，而不是用商店的材料包來進行「教室布置」。

老師會仔細考量展示的東西，並且視「環境為第三位老師」（Edwards, Gandini, & Forman, 1998），有目的地選擇圖表、書籍、藝術作品和審美觀，以反映出教室裡不同孩子的

背景和文化。這些刻意的決定，使孩子在學習中擁有更大的自主權，並將他們的教室視為安全、溫馨、自在的地方。

　　當高品質的「專題式學習」在教室裡發生時，思考和學習的過程通常可見於「專題牆」，其中包含專題的各個片段，例如關鍵詞、須知清單，以及各式各樣的專題衍生作品，都展示在學生觸手可及之處。教室通常以有彈性的座位安排，以配合不同的學生分組。在專題特定的工作時間裡，你可能會看到孩子自由地在教室四周遊走，或是正在做不同

▲ 圖2.1　以學習者為中心的教室

的專題任務或作品。當這個專題的性質與學科領域一致時，你還會看到專題工作被整合到一個學習區，例如：如果孩子正在寫一份介紹性文本做為他們公開成果的一部分，他們可能會在寫作區進行這項工作。在學生合作進行專題時，老師會經常在教室裡走動，支援他們的需求，並給予個別指導，以確保他們了解每一項要求的任務。

反思與連結

- 仔細觀察圖2.1所拍攝的教室。你會用什麼樣的詞彙來形容這間教室？你是否能找到一些「以學習者為中心」的環境元素？
- 你有看到文本是如何依照學生的程度排列的嗎？展示架上的書籍直接與專題相關，並且反映不同的觀點和背景。你有沒有在地板上或團體桌子上找到彈性座位選擇的例子？
- 你是否有注意到要點圖、材料和物資是如何擺放在學生的視線範圍之內，以及他們觸手可及之處？
- 請反思一下你的教室。你會如何描述教室中目前的擺設？你的學生最容易拿取的是什麼？有什麼需要做改變的，好讓這個空間更加以學習者為中心？

「以學習者為中心」的教室「聽起來」像什麼?

當你進入「以學習者為中心」的教室,你可能會聽到什麼**聲音**?在理想的情況下,我們會聽到孩子們在說話:他們在相互辯論、探究、腦力激盪,也和他們的老師或任何可能進到教室裡的人做同樣的事。在教室裡,任何問題都會受到重視和尊重,而且多元的觀點也經常能被聽見和採納。

在「以學習者為中心」的教室裡,我們還可能聽到像是「你們的問題是什麼」之類的鼓勵性語言,教師會透過這種傳達訊息的方式,以表明所有的問題都很珍貴,而且老師期待學生提出有意義的問題。這可能是跟傳統的、以老師為中心的教室最為背道而馳的一點,但也是最重要的一點:**學習並不一味地等同於保持安靜。參與是學習更好的指標**,參與可能是安靜的聚焦專注,但也可能不是這樣。

在這間老師運用問題幫助孩子推動自我學習的教室中,你不會在課堂結束時才會聽到這個問題:「好的,大家有什麼問題嗎?」問題反而是被用來**啟動學習**的。在這間教室裡,老師會使用:「**你注意到什麼?你想知道什麼?**」以及「**為什麼你會這麼認為?**」,盡己所能地提出讓孩子超越記憶和背誦的問題。這些問題對於「專題式學習」至關重要,特別是在專題開始進行時,孩子們便需要產出一張問題清單來啟動專題。隨著孩子尋找所需的答案,這些問題會引導學習

往前邁進，而未來的「專題式學習」課程，也許會聚焦於這些關鍵問題中的任何一個。

一整天下來，學生會投入各種學習的結構：他們在自由活動時間打造某個建築的同時，也一起合作與分享構想。他們在調查某個主題或想出更多問題的同時，也討論著其他延伸的議題。他們圍成一圈，分享關於專題工作或教室需求的特定主題。你可能還會聽到孩子向同儕提供回饋，給予善意的批評和有用的建議。學生可能會在專題進行的各階段，分享他們對所學內容的反思，而不是只有在結束時才這麼做。這些討論在幫助專題的推進上，扮演著不可或缺的角色。

表2.2是師生進行數學對話的兩種版本。請先看看在傳統教室裡的問與答，然後再比較看看在「以學習者為中心」的教室裡是什麼情形。關於老師的提問方式，你注意到什麼？它如何影響參與程度？如何影響對內容的理解？在同樣的情況下，這與其他可能的回答會有什麼不同？你會如何有效地利用提問，來增加學生的參與度和深化對內容的理解？

請注意，在傳統教室的交流中，老師會迅速地回答學生的問題，展示如何數數和寫出數字7的方法，然後告訴學生如何照抄。然而在「以學習者為中心」的教室裡，老師利用提問技巧鼓勵學生思考。學生成為一個有能力的終身學習者，因為他們是靠自己主動地建構知識，而不是直接從老師那裡接收傳遞的知識。

在一間「以學習者為中心」的幼兒教室裡，我們將聽到一陣陣歡聲笑語、興奮的歡呼聲，以及「我可以請你看看我做了什麼嗎？」的驚嘆聲，這些都是學習者深度投入在有意義的體驗時所發出的聲音。

當然，有時也會有哭泣、爭吵和衝突聲，以及「你可以幫我嗎？」、「我不會做這個！」或是「他都不聽我的想法！」這些都是教室中經常發生的狀況，因為「以學習者為中心」的教室需要學習者發揮高度的合作、參與和獨立性。

當幼兒能夠遨遊在新奇、有挑戰性的情境之下，這些自然產生的體驗能為他們帶來智力以及社會與情緒上的成長。當這些時刻發生時，老師可以停下來利用這些「適合機會教育的時刻」，並把學生的注意力拉回到稍早建立的班級規範、團隊契約和禮節。

表2.2　傳統的教室 vs. 以學習者為中心的教室

學生正在數地毯上的一組物品。他們的任務是要數一數這些物品，然後在數學日誌中記錄數量。5歲的學生（S）正在思考數數的策略，並且與老師（T）進行一對一的交流。

傳統的教室	以學習者為中心的教室
S：這裡有多少顆珠子？	S：這裡有多少顆珠子？
T：7顆。	T：你覺得呢？
S：7顆？	S：我不知道。
T：是的。我們來數一數。	T：你覺得我們可以怎麼找到答案呢？

S：好。

T：看著我是怎麼數的，然後
　換你來數。（老師把珠子排
　成一列，摸著珠子，一顆
　顆數下來）

S：（照著老師的方式來做）

T：你數了七顆珠子，現在畫
　出數字7。

S：我不知道怎麼畫。

T：我會幫你畫個7（或是用點
　描出來），然後你跟著我畫
　出來。

S：跟著畫出數字7。

T：做得好！

S：我可以把它們數一數。

T：很棒。你打算怎麼數？

S：我可以把它們排成一列。
　（或將它們分組、或按顏
　色分類、或一次拉出一顆
　數，或擺出一個圖樣再數）

T：（釐清S的策略）你把它們
　排成一列了！（或是，你
　把它們分成兩組了！一組
　三顆、一組四顆等等）你
　數了以後發現有幾顆？你
　可以在筆記本上記下數字
　7嗎？

S：7？我要怎麼弄出一個7？

T：在我們的教室裡，你有可
　能在哪裡找到數字7？那會
　對你有幫助嗎？

S：（想了一想，然後指著日
　曆）

T：喔！所以你想利用我們教
　室裡日曆掛袋上的數字7
　來幫你？你記得每個月組
　成日曆的那些數字，當你
　需要靠自己寫出某個數字
　時，你可以隨時查看這些
　數字，並且把卡片抽出來。

「以學習者為中心」的教室，
「感覺起來」像什麼？

　　老師和孩子每天都投入大量精力在教室的體驗與學習當中。因此，考量「以學習者為中心」的教室對老師和孩子來說「感覺起來」像什麼，應該要成為一件重要且必須考量的事。當孩子在教室裡參與到探究過程的每個階段時，教室裡會自然瀰漫一種幾乎能觸摸得到的興奮感，因為學生認知到，他們的問題會獲得尊重，並且將針對問題做進一步的探索或調查。

　　當學生發現新的想法並找到問題的答案時，這種學習的興奮感會持續擴散。當所有這些感覺混合在一起，更為學習創造出「嗡嗡」作響的動力。對未知事物的投入，會為所有相關的人帶來活力和熱情。當老師有機會可以設計自己的「專題式學習」單元，而不是遵循預先制訂的課程時，通常都會感到振奮。有機會和同事計劃一個讓自己充滿熱情，同時也會讓學生感到興趣的單元，往往讓人熱情充沛、精神百倍。

　　可以想見的，年幼的孩子活力旺盛，這種好像永遠用不完的活力常會讓老師感到頭昏腦脹，這是不可迴避的事實。但是，**當我們將孩子的活力視為資源、而非阻礙時，就可以在正向的基礎上，建立他們學習與熟能生巧的驅動力**（Diamond et al., 2015,p. 15）。當這股旺盛的活力一旦被聚焦

與引導時，將為學生帶來巨大的成長，並為老師提供多元的靈感。

循著上述迷思，另一個常見的錯誤認知是，「以學習者為中心」的教室是既混亂、也**不安全**的。這種想法看似容易理解，但請容我再次強調，學生的安全始終都是我們的首要任務。在「以學習者為中心」的教室裡，我們會把「安全」的概念擴大為確保學生在**表達自我時感到安全**。我們希望他們承擔**創造性**的風險，並且不怕犯錯。

這種安全感與冒險精神也適用於社交世界，因為孩子是透過學習來建立關係、處理挑戰性的問題。在「以學習者為中心」的教室裡，會特別花時間在培養必要的SEL能力，因為這些技能不僅與日後的學業學習密切相關，而且與學業學習能力同等重要。在進行「專題式學習」時，SEL能力尤其重要，因為孩子們必須合作，才能完成一個通常要歷時很久的專題。許多老師注意到，在學期初花時間創造具有信任與彈性的環境，將有助於學生日後的學習成效，因為教師將不需要經常插手處理孩子間的社會衝突。當學生具備SEL能力，在情感上感覺到安全，便能夠更獨立地應對各種社會情境。

當孩子在參與「專題式學習」時，對討論做出有意義的貢獻，也會為他們建立起**掌控感**。在開放式的框架下，提供孩子自主遊戲和探索學業內容的機會，他們會對自己的興趣

和能力建立自信心。讓孩子有機會運用自己的個人背景、過去經驗和先備知識，也能使他們感覺到自己的生活是有價值且豐富的。藉由回答他們的問題、整合他們的想法，以及協助他們獲得適情適性的體驗，老師可以很容易地幫助學生建立信心，讓他們相信自己有一些可貴之處，能在很多方面為他人做出貢獻，並且讓人信賴。

在「以學習者為中心」的教室裡，學習者會覺得學習內容與自己息息**相關**。學習是發生在學生的生活背景之中、對他們有意義和有目的的事情之上。一個引人入勝、可以應用於真實世界的專題，可以幫助學生看到學習的重要性，知道學習的意義不僅限於教室之內，也適用於這個群體之外（Larmer, 2016）。於是，學生的學習會融入一個有意義的、更大的拼圖之中，因為看到學習與體驗的目的，而更有動力去參與一整天各式各樣的學習機會。

最後，無論是老師或學生，對於「以學習者為中心」的教室都會產生一種**喜悅**之感，這種喜悅是來自於每個人都參與一個學習團體，在那裡，他們受到重視、尊重，並擁有歸屬感。學習的內容和方法是有目的性的、真實的，而且是與文化相關的。學習成為一件**有趣**的事，在這個學習團體中的每個人，每天早上都會懷抱著這種喜悅感進入學校，並想著：「我們今天將會做些什麼有趣的事呢？」

下面的這篇小短文是由幼教老師薩拉・貝夏雷（Sara

Beshawred）所撰寫。請注意她運用了哪些方法，來營造一個正向的、以學習者為中心的教室環境：

以兒童為主的空間

當我們對學生說：「你在這裡是安全的，你在這裡是受歡迎的，你在這裡不論犯錯與否都是被接受的。」我們不僅傳達出教室是容許犯錯的空間，也預期錯誤確實會發生，而且會帶來學習。我們讓學生知道，在這個地方，你是被愛的。當我們傳達出學生對於所寫、所讀的內容，或是坐在哪裡／怎麼坐／是否要坐，都擁有發言權與選擇權，我們就傳達了這個訊息：你是被愛的。

在教室裡，準備一個學生容易取得各種材料的地方──我們稱它為「服務台」。在這裡，你會找到紙巾、溼巾、緞帶、面紙和一籃子的奇異筆蓋子。這個服務台解決學校日常生活中的許多差錯，從打翻水到被紙割傷，到少了蓋子的奇異筆。最重要的一點是，學生可以自助服務。當我們引導學生，並為他們建造一個方便他們成功取得、並且能盡情使用這些材料的地方，就是在培養其獨立性。

我們要求學生做最真實的自己，而這一點也反映在他們所處的空間裡。我們的作品、照片、思考過程，是讓學習環境充滿活力的原因，當我們看重錯誤、努力解決錯誤，並從錯誤中成長時，所憑藉的就是讓我們的思考清晰可見。

從孩子正在進行中的作品，到由孩子策畫的藝廊所展示出來的美勞作品，正如一位訪客曾說過的那樣：「你可以感覺到孩子就在教室裡，即使這個教室是空蕩蕩的。」

我們知道，當孩子感覺到對某個空間擁有自主權時，就會增加他的參與和投入程度。如果你問學生對教室的看法，他們會毫不猶豫地告訴你：「它是以兒童為主的空間，加上一點點老師的空間。」這麼說的意思是，教室主要的部分都是為學生營造的，而且在許多地方都有他們的投入。你將會看到學生製作的標示貼在清晰可見、容易取得的箱子上，孩子的思考會出現在引文和圖表上，以及在字母表和不斷延伸的數線上。

我們還必須規劃一個空間留給進行中的作品——我們稱之為「保存架」。它是保存孩子們的創作、美

勞作品、玩具創作的地方，這些東西在這裡可以被確保安全，直到孩子們準備好繼續（或停止）製作它們。這樣的空間會讓孩子感到安心，知道作品雖然暫時告一段落，但不代表自己的構想必須就此停擺。特別是對於那些擔心作品會因為必須把教室打掃乾淨而消失的學生來說，知道自己的作品會安然無恙，而且知道可以到哪裡找到它，這個做法可以有效減輕他們的焦慮。

　　進到我們教室裡的社區訪客曾這麼評論道：「非常舒適、溫馨，而且充滿愛。你可以感覺到教室裡充滿一股蓬勃朝氣的氣氛，學生都非常地投入活動。很明顯地，孩子在這裡有很多掌控權和發言權。可以的話，我真希望在這裡學習和消磨一整天！這裡讓我感覺好溫暖。」用我的幼兒園孩子的話來說，在這裡「感覺很棒，很刺激。就好像你做了一些讓自己感到很快樂的事情一樣。這就是我們教室的感覺。」

　　薩拉的教室是一個絕佳的例子，說明「以學習者為中心」的教室「感覺起來」像什麼，也具體傳達出前面所提到、由麥克姆斯和惠斯勒（1997）提出的第四個前提：

在正向的環境中，會有最好的學習效果。正向的環境包括正向的人際關係和互動，以及**自在**與**有秩序**的氛圍。在這樣的環境中，學習者會感覺到**被欣賞**與**被感謝**，並受到**尊重**與**認可**。

現在，請停下來再讀一次上面的句子，請特別注意這些粗體字如何營造一個能促進學習的空間，並吸引孩子願意投入學習的過程。

「以學習者為中心」教學模式的所有前提提供一個絕佳的起點，幫助我們去辨識教室可能「看起來」、「聽起來」和「感覺起來」像什麼。我們鼓勵你重新閱讀「以學習者為中心」教室的前提和特徵，注意這些理念與如何營造學習環境，或是如何進行教學和做出教學決策之間的重疊之處。

正如同我們在教室裡讓學生擁有發言權和選擇權，並鼓勵他們掌控自己的學習，我們在此也稍做暫停，讓你思考你的「專題式學習」要往哪裡走。你可以從下列選項中選擇一個、兩個或三個都選，一切取決於你目前的教學目標與種種考量。

選擇1：從「建構主義理論」過渡到「以學習者為中心」的做法

如果你需要更多從建構主義理論過渡到「以學習者為中

心」做法的例子，我們邀請你回到第一章，辨識與「戶外教室」專題有關的每個故事和例子底下，潛藏的「以學習者為中心」的前提。你是否注意到，莎拉為這個專題所做的每一件事，都是圍繞著學習者展開的。她為班上的個人或整個團體確認學習目標和學生成果時，所使用的就是「以學習者為中心」的做法。在這過程中，學生幾乎參與了每一個決策，或是成為每一個決策的焦點。從學生在各種學習調查期間所提出的問題，到設計、繪製、建造一座木偶劇場，再到企劃學習慶祝活動，學生都是莎拉教學決策的中心。

選擇2：改變實體的教室環境

如果你已經準備好仔細規劃你目前的教室環境，以及打算觀察哪裡可能會看到「以學習者為中心」的教室特徵，那麼請先閉上眼，試著想像你的教室空間。它看起來像是「以學習者為中心」嗎？它聽起來像是「以學習者為中心」嗎？它感覺起來像是「以學習者為中心」嗎？

如果你的答案是肯定的，我們邀請你從圖2.2中，選出可以提升你的教室裡教學與學習效果的兩個元素。如果你對任何一個提示的答案是「否定」的，那我們邀請你找到圖中的相對應部分，然後選出一個元素並嘗試將它落實，或是將你的構想自由放進圖中。

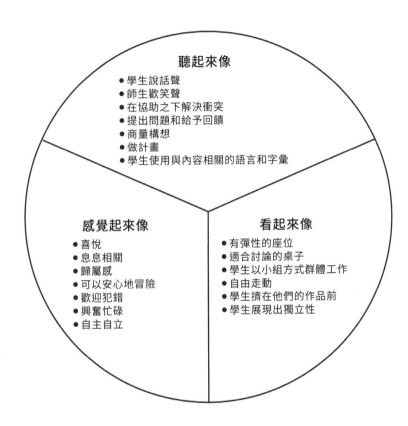

聽起來像

- 學生說話聲
- 師生歡笑聲
- 在協助之下解決衝突
- 提出問題和給予回饋
- 商量構想
- 做計畫
- 學生使用與內容相關的語言和字彙

感覺起來像

- 喜悅
- 息息相關
- 歸屬感
- 可以安心地冒險
- 歡迎犯錯
- 興奮忙碌
- 自主自立

看起來像

- 有彈性的座位
- 適合討論的桌子
- 學生以小組方式群體工作
- 自由走動
- 學生擠在他們的作品前
- 學生展現出獨立性

▲ 圖2.2　以學習者為中心的教室圖像

選擇3：深入了解「以學習者為中心」的原則

如果你想要閱讀更多關於美國心理學會（American Psychological Association，簡稱APA）所發展的「以學習者為中心」的十四項原則，我們鼓勵你參考本書「其他資源及參考文獻」部分，你可以延伸閱讀APA發展的原始架構，以及該領域專家所寫的多本書籍。這些原則分為四個主要類別：（1）後設認知與認知因素；（2）情感與動機因素；（3）發展與社會因素；以及（4）個別差異因素。了解每項原則在每個類別背景中的含意，將有助於你建立和維持一個「以學習者為中心」的教室。

03

專題計畫

一種統整的模式

 在我開始進行專題之前，
必須事先教會我的孩子許多事，
這樣他們才能準備就緒。

　　許多幼教老師經常認為，必須在專題開始之前，先教會學生有關專題所需要知道的一切知識，這樣才能為「專題式學習」做好準備。他們擔心學生因為缺乏相關技能與知識，因而無法成功地參與「專題式學習」，所以，他們會先嘗試教導學生某些技能與知識內容，以讓學生做好準備。

　　只是，當老師發現早已排得快要滿出來的課程表中，無法再抽出額外的時間時，通常便會放棄原本的計畫。有些老師甚至完全避免使用「專題式學習」，因為他們深切地體認到一天的課程中，不可能再添加任何其他的教學內容。

　　然而，要成功地實施「專題式學習」，最需要的不是

多出來的額外時間，而是我們對於課程計畫採取不同的做法。更具體地說，就是運用一種**統整**的模式（integrated approach），將既定的課程標準和學習指標視為一個整體且互相關聯，而不是個別孤立的知識或技能。這種統整模式意味著，**我們是透過專題來教學，而不是讓教學走在專題之前。** 當教學內容被統整時，孩子更能有效地發展知識和技能，因為他們看到了所學內容之間的相關性，以及未來更廣泛的應用性。

建構主義學習理論主張，學生必須透過與他人的互動來創造自己的知識。在學習的過程中，如果我們用填鴨的方式，告訴學生要先知道什麼，才有能力做下一件事情，就形同剝奪他們獨立思考、解決問題和做出決定的機會。因此，老師與其事先灌輸知識和教導基本技能，倒不如有意識地將學業、SEL能力統整到專題設計裡。

一個完備並具創新性的教學計畫，應該讓學生超越學習與反芻事實性知識的層次，將重點放在對內容進行深入地概念性理解（Erickson, 2002）。同時，老師也必須保持開放和彈性，因為在進行教學單元期間，隨時都可能萌發新的教學路徑。這點與「專題式學習」的本質完全契合，專題的進行將隨著學生提出的問題，帶來原本沒預料到的、或是包含在原先計畫中的新知識與發現而展開，因此除了老師預先計劃好的課程，也必須視情況將自發性課程（spontaneous lessons）

彈性地置入專題中。

在建構主義的學習環境中，學生必須與學習建立起真實且相關的連結，並以這些知識為基礎，繼續往前邁進（Fullan, Quinn, & McEachen, 2017）。當老師使用統整的模式來思考教學時，「主題」就成為理解概念的工具，它同時能鼓勵學生針對主題辨認出需要知道的知識，這使得學習內容不僅變得有意義，也讓不同時間學習到的知識內容變得相關（Applefield, Huber, & Moallem, 2000）。

當學生對於學習擁有自主權，能獲取多種取得知識的方法，這將有助於他們發展終身學習的能力，增進人際互動的技巧，以及獲取多種形式展現理解力的機會（Duke, Halvorsen, Strachan, Konstantopoulos, & Kim, 2016; Langa & Yost, 2007）。統整的教學模式有助於孩子在新知識和現有基模間建立有意義的連結，在「主題」背景下研究某個課題，能提供學習者深入且完整地研究每個學科的機會（Erickson, 2002）。

實施「專題式學習」有助於兒童發展SEL能力，同時也有助於將主題學習貫穿整個專題的學業內容。這種學習方法很像孩子學習運動的方式。

請想像一個對壘球感興趣的孩子，如果我們要教她如何打壘球，你不會在開始打球之前，就要她先坐下來，然後教她擲球、打擊、防守的技術以及比賽規則吧？當孩子準備

好第一次擲球時，你也不會花時間先解釋怎麼握球、球路與放球點。你只需要把球交給她，然後說：「來吧，把球擲出去。」你也許會先示範一下，但說真的，**孩子更想要自己來。她想要自己玩玩看**。

慢慢地，擲球和打擊的技術、接住內野高飛球等挑戰，會隨著孩子對於壘球各個層面的了解，逐漸**整合**進對話和練習中。在技術更熟練的球員（亦即教練）指導下，以及透過與同儕的反覆練習，這位生手運動員將學會比賽所需的基本技術、策略和規則。一位優秀的教練會結合觀察、搭建鷹架、評量和設定目標的方法，並在球員**練習**和**比賽**時能力可及的基礎上，持續帶著球員向上提升。

正如一則Nike廣告所說的："Just do it."（做就對了）我們不會看到一件T恤上寫著：在從事一項體育活動前，只要精通能獲致成功的每一項個別技能就行了。

雖然有些技能可以（而且應該）單獨挑出來做改善，但真正的學習機會是發生在現場的。統整模式的課程與教學，正是讓學習透過社會體驗和實作而發生，這是建構主義一個牢不可破的基本觀點，也是我們認為創造高品質「專題式學習」的關鍵。

實施最高層次的統整模式，需要在適當的指導與支援之下，拿捏練習與遊戲間的平衡。教練會在練習期間傳授技能，並單獨挑出某項技能做改善，也會將學習機會融入現場

建構主義者拒絕依特定順序教授個別技能，因為這種教學方式是基於「擁有基礎技能是成功習得更高階概念的先決條件」的錯誤假定。（Harris & Graham, 1994, p. 234）

比賽中。同樣的道理，老師也可以在教室（現場）裡運用統整模式進行教學。這意味著，課程統整不僅包括不同學科的統整，還包括任何以互相關聯的方式組成的課程，這種課程的實施效果會比個別分開教導來得更有效（Ackerman & Perkins, 1989, p. 79）。

正如第一章提到的，建構主義學習理論主張學生必須在某個社會環境下，透過有意義和相關的學習機會建構知識。這意味著我們必須設計一個能顧及學生目前發展程度和學習目標的專題。我們不會預先教導學生某些特定技能，好讓學生為這個專題「做好準備」。相反的，我們會決定這個**專題**可以如何教導這些技能，引發並促進學習者的共鳴，並讓所學能遷移到其他情境的應用。

不過，如果你在為某個專題選擇學習目標時，發現大多數既定的目標對你的學生來說似乎遙不可及，不妨考慮未來等孩子發展到適合的階段，當孩子準備好了，再來做這個專題。

為「專題式學習」的統整模式提供願景

對幼兒來說，實施「專題式學習」更需要藉由統整模式，幫助孩子了解所學內容與自己的意義，以及與學校圍牆外的真實生活場景之間的關聯，讓知識更容易學以致用。要注意的是，課程的「統整」並不是把各學科分門別類的整合在一起，而是反映學習內容在世界上實際發生的方式。當大人在「現實生活中遇到一個費解的問題或是困惑時，我們不會去分析哪個部分是數學、哪個部分是科學、哪個部分是歷史。我們會盡可能從所有資源中尋找可用的知識和技能。」（Beane, 1991, p. 9）

此外，「統整」也鼓勵學生思考他們需要知道些什麼，這使得學習內容變得有意義，也讓不同階段的學習具有關聯性（Applefield et al., 2000）。圖3.1是我們根據建構主義的原則，汲取眾多教育先進的經驗，歸納出我們對於在幼兒教室裡進行統整模式的理解。

對於大多數老師而言，想要教導學生在專題學習前做好準備，是很理所當然的事。我們在師培課程受到的訓練就是如此：教導學生需要知道的事，一旦他們學會了，就帶著他們進一步應用或用它來考試。但是這種方式可能會造成兩個問題：

首先，任何為專題預先裝備技能的嘗試，都可能花上比實際運用還要多的時間；然而孩子更需要的，卻是獲取在專題情境下進行互動的機會，並實際體驗**伴隨**著專題而來自然出現的關聯事物與相關內容。

　　其次，當老師以抽離現實的方式教導學生知識與技能，可能會讓學生感覺不夠踏實，甚至可能產生一種「教過了，就算懂了」的心態，而不是將學習視為一種進展中的狀態。

一種創新的方法，它環繞著一個主要概念構想進行教學，學校中所有的學科都會提供支援與分享。（Rakow & Vasquze, 1998, p.19）	透過使用有意義的連結，讓學生在各個學科之間持續地探究，獲取完整的內容。（Kysilka,1998）
統整	
將對於學生具有意義的問題、專題和提問進行組織。（Kohn 2013,p.22）	成功地讓孩子意識到正在建立的連結，以及當我們將其注意力聚焦到存在於跨領域的文化差異，以及如何轉變這些隔閡時。（Shanahan,1997.p.18）

▲ 圖 3.1　定義統整

請將這件事銘記在心：**「統整」與「企畫」一個主題單元不同**。這裡指的主題單元，指的是所有學習活動都與一個核心主題相關聯，它並不是「專題式學習」的同義詞。透過主題單元來教學是一種跨學科的方法，從教室布告欄、數學問題、學習角落、遊戲和點心，都會跟一個核心想法互相配合。如果「我們只是把事實和活動『搭配』到某個主題上，就無法達到更高層次的課程統整和認知統整（Erickson, 2002, p. 63）」，那麼雖然透過「主題式」的教法，也許能幫助學生了解一個主題的概念與概念間的關係，但這種教學往往是膚淺而造作的，因為它並非根基於一個具挑戰性的難題或疑問。

　　舉個例子來說。請閱讀下面的例子，請比較運用「主題式教學法」和「專題式學習」在教授昆蟲主題時的差異（表3.1）。請注意兩種方法刻意對齊的部分。思考在驅動問題之下，如何搭配素材、課程和真實的學習體驗，才能產生更深入的學習。請特別注意「專題式學習」是如何：

- 提升學生對教室與教室之外世界連結的理解。
- 鼓勵學生使用準確且能反映科學術語的語言。
- 讓學生接觸真實的標本和科學上正確的資源。

表3.1　昆蟲主題的「主題式教學」與「專題式學習」單元

昆蟲	
主題式教學法	「專題式學習」單元
針對昆蟲的主題式教學，經常會從朗讀艾瑞·卡爾（Eric Carle）的《好餓的毛毛蟲》開始。 在科學時間，學生學到關於蝴蝶、其他昆蟲與爬行動物的生命週期。學生可以用蝴蝶麵、衣夾和咖啡濾紙，組裝生命週期輪盤和蝴蝶。老師可能會使用昆蟲形狀的工具來計算蒐集品或學習角落。每日提問板可能會問學生是否喜歡／不喜歡某些昆蟲。學生可能會一邊聽著關於昆蟲的歌曲，一邊做著美式「螞蟻上樹」當點心吃。在寫作時間，學生可能會從某隻昆蟲的角度來寫一個故事。	**驅動問題：我們如何保護帝王斑蝶幼蟲在牠們的自然棲息地生長？** 在這個單元中，學生發現飼養在教室罐子裡的某些帝王斑蝶幼蟲完全蛻變了，其中某些雖能結成蛹，卻從未破繭而出。學生還想知道：為什麼有些毛毛蟲死掉了。為了回答這個問題，學生從書籍、影片和專家訪問中，了解毛毛蟲身上各種不同的寄生蟲和疾病。在當地一所大學的學生協助下，他們獲得關於在哪裡可以找到幼蟲和食物來源的知識，再加上在課堂上所學，學生因此能確定，他們的毛毛蟲是因為感染乳草（牠們的食物來源）的細菌而生病。學生的探詢顯得重要，有助於回答概括一切的驅動問題。

你可能也曾和孩子一起規劃一個主題單元,例如開一個主題派對。從製作邀請函到食物、飲料、布置,所有的東西都必須與主題做搭配。雖然參加主題派對很有趣,但當它結束時,我們通常會把所有物件束諸高閣,徒留一個小玩意兒或一張照片來回味。然而,我們希望發生在教室裡的學習是持久且有影響力的,而不是曇花一現或矯揉造作的。我們希望學生在專題內容中,為自己建立牢固的連結,這樣的學習會是跨領域與跨專題的。當你在為統整教學做計畫時,記得要經常停下來評估你的構想是否和驅動問題相吻合,提醒自己避免只是為學生的學習建立表面的連結。

為統整模式做計畫

在一個典型的教室裡,老師通常是以一種線性的方式為日常教學做計畫,通常會先審視整個教學單元,然後規劃一系列依照順序、能涵蓋所有內容的課程。有些老師則認為沒有必要訂定課程計畫,因為這個「計畫」能透過教科書編排或查閱教師手冊的規劃和說明即可完成。

我們也發現,有些任教於高年級的老師已經找到統整的方法,成功地在自己的教室裡進行跨領域或跨學科的教學計畫。有時,這些方法奏效了;有時,老師「企圖一次做太多事情。他們應該尋找的是科目間自然重疊的部分,而非全

部。」（Brandt, 1991, p. 24）試圖在一個科目裡面放進太多學科或目標，通常會為教學者帶來挫折，導致最後不得不放棄原本立意良好的創新計畫。

一個傳統的統整教學計畫和「專題式學習」的統整教學模式之間存在著巨大的差異，值得我們在此多做討論與思考。有些差異是顯而易見的，例如在傳統的單元計畫中可能列有詳細的大綱、行事曆、作業、具體的評量指標等；「專題式學習」單元計畫則更加依賴學生的貢獻和體驗，儘管它是在老師詳盡地闡述和指導之下進行，整個專題還是會以有機的方式發展。雖然一個整合多門學科的專題需要花時間進行詳實的規劃，但這些投入的時間卻相當值得，將能為後續數週的「教」與「學」奠定基礎（Langa & Yost, 2007）。

為了讓統整教學貫穿整個專題的生命週期，老師必須先對選定主題的概要、具體內容，以及預期的學習成果有全面的了解。這意味著老師得投入時間有系統地做主題研究，以確認自己對課程的期望（Keeley & Tugel, 2019）。在實際計劃之前，花時間思索專題，有助於確認該主題對學生是否具有意義和相關性，以及在時間和空間上是否可行。徹底了解概念和內容，也會讓老師更容易帶動學習。以下是我們建議老師在發展專題前的準備事項：

- 找出學生對於該主題可能會產生的誤解。

- 閱讀有關該主題及相關概念的資訊。

- 探索兒童讀物，找出優質的文學和知識讀物。

- 觀看影片。

- 觀察學生。

- 參加工作坊或講座。

- 翻閱教學資源與素材。

- 與隊友或其他諍友討論構想。

- 製作概念圖或構想網。

我們參考福加蒂（Fogarty，1991）提出統整課程的十種模式，並採納她的建議：「老師應該發明自己的設計來統整課程」（p.65），因而獨創出「以學習者為中心、以探究為本」的「統整三層次」計畫（圖3.2）。透過這個統整計畫，學生能夠將學習與更為廣泛的背景連結起來，同時擁有多元的思考觀點；透過真實的調查、體驗和問題，學生更加了解所學內容之間是如何互相關聯。

接下來，我們將詳細地說明我們提出的統整模式，並呈現莎拉如何將學習內容和SEL整合到「戶外教室」專題中，而不是將這些技能預先灌輸給學生。

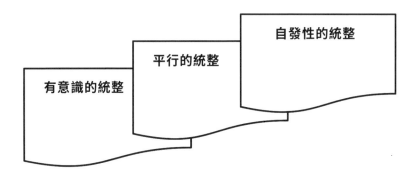

▲ 圖3.2 「專題式學習」的統整三層次

運用統整模式於「戶外教室」專題

開學後第三週，莎拉啟動了「戶外教室」專題。在計畫初期階段，她考量到每個孩子的發展狀況與目前擁有的技能，於是先把重點放在他們會做什麼、他們對什麼感興趣，以及可能的學習機會。

舉例來說，她發現許多學生具有基本的數字認知，能夠連續且準確地數出一組十樣的東西，這讓莎拉相信，他們在設計戶外教室空間時，可以做一些基本的測量。同樣地，大多數孩子可以辨認出自己名字中的字母，並在最少的幫助下寫出自己的名字，因此莎拉知道，或許他們可以在平面圖的設計區域上做一些標示，並試著辨認出說明。此外，她也發

現大多數學生會獨力使用繪畫材料（蠟筆、奇異筆），還相互合作建造精緻的樂高和積木結構；這些都是莎拉在即將進行的專題中會運用到的技能。

接著，莎拉考量孩子在設計相鄰空間時可能需要的技能和能力。例如：

- 設想和建議不同的區域，並在地圖或平面圖上清楚地標示出來。
- 用首字母的子音標示平面圖，以便讓其他人了解他們的想法。
- 向學校行政人員提出某種類型的書面提案，請求獲得空間設計的許可。
- 採訪專家如何設計空間，並記錄下他們的問題和觀察結果。
- 設計、創造或建立新的教室區域時，可能會用到不同的形狀、線條，或平面（2-D）和立體（3-D）的材料。

首先，莎拉特意運用一些特定的、相關的內容和技能來設計她的專題（**有意識的統整**）。然後，她教導學生一些與專題**不相關**的基本內容與技能，做為專題開展後為孩子搭建的鷹架、深化與建立某些新知識的方法（**平行的統整**）。

最後，她利用在整個專題生命週期自然而然出現的課程連結（**自發性的統整**）。透過統整的三個層次，為專題創造出一個結構體，讓我們能確保相關的內容和技能被有意識地計畫和組織起來，同時保留從意外的機會中汲取學習養分的空間。

幼兒「專題式學習」的統整三層次

第一層：有意識的統整

在「戶外教室」專題中，莎拉選擇社會研究、幾何學、讀寫能力和SEL能力做為關鍵的教學目標。所有的目標都緊扣著她設想的最終明確成果：「戶外教室」專題的設計和展示，並確定班上孩子都清楚了解學習目標和最終成果之間的連結。莎拉計畫讓學生設計一個嶄新而空曠的實體空間平面圖，完成後，他們可以在那裡進行學習和遊戲。

當老師在專題之初考量到不同科目之間自然連結的重要性，並且精心設計出一個以真實的方式善用連結與深度學習機會的專題時，「有意識的統整」就發生了（Fogarty, 1991）。事實上，每一個「專題式學習」單元都是由此開始的（圖3.3），透過這個步驟，我們設定出希望在真實情境中置入多門學科的內容和技能，這些統整的目標則直接與驅動問題、日常的教學和最終的成果相呼應。

在整個專題中，我們使用形成性評量來有意識地衡量

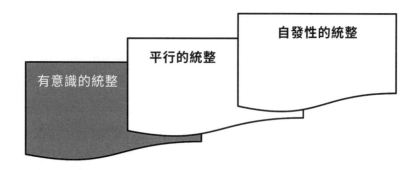

▲ 圖3.3　統整三層次之一：有意識的統整

特定學習目標的進步情況，而所有計畫中的評量方式，都是用來協助孩子成功地創造出最終的公開成果。在計畫「專題式學習」單元時，必須確保所有統整的學習目標都深具意義，這意味著這些目標很重要，並適合放在同一個專題裡，也鼓勵學生花費足夠的時間來進行深度學習（Larmer, Mergendoller, & Boss, 2015）。

　　你不妨在腦海中將這些指標連結起來，將有助於你有效地為專題創造出一個畫面，想像出關於成果的構想，讓它們能以一種統整且真實的方式，自然而然地將不同指標融入到成果當中。**在整個專題中，你和學生應該很清楚這些技能為何，以及如何連結**。身為老師的職責，則是要將學習目標結合到有意義的教學之中，並和學生一起進行更深入與跨領域的學習。圖3.4能提供你在計劃「有意識的統整」時的參考。

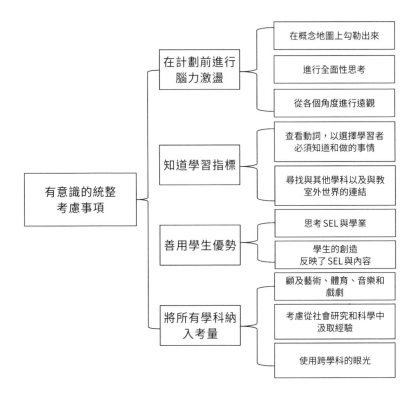

▲ 圖3.4 「有意識的統整」考慮事項

第二層：平行的統整

為了對基礎讀寫能力進行有效的教學排序及差異化教學，因此相關的教導需要與專題齊頭並進。雖然你可以定期將部分內容融入專題，但並非所有內容皆能如此。這意味著在國小階段的讀寫課程中，你會

有幾個學習站用於文字練習、拼字和發音；而其他學習站則可能涉及與專題相關的閱讀和寫作。（Horton, 2017, para. 3）

當找出有助於專題教學目標的特定學科單元，老師就進行統整的第二個層次：「平行的統整」（圖 3.5）。有時候，學科單元可以和專題時間錯開，單獨教授；有時候，有些學科單元（例如讀寫和數學）則可以和專題一起教授或**平行**進行。例如：一個非小說寫作的平行單元，可以伴隨著某個專題一起教授，以便學生可以獲得更多非小說寫作的練習，這些重要的技能和策略，都會直接學習遷移至他們的專題作品中，影響他們如何創造公開成果。

老師可以在直接教導、互動寫作課程期間，以及其他的要點圖裡使用專題的內容，而學生將利用這些示範和課程，

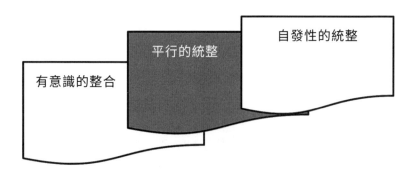

▲ 圖 3.5　統整三層次之二：平行的統整

依據專題相關的主題來創造自己的文本。「平行的統整」為學生提供更多的時間，聚焦在專題的某個特定學習目標，並以一種有意義的方式發展和內容相關的技能與策略，而這一切的學習都能應用在專題的成果以及其他領域上。

　　老師也可以針對與專題相關的某些特定SEL能力，導入一個平行的統整單元。例如：如果學生需要完成多個設計配置的草圖，則可以搭配一個關於「心態」的SEL單元，讓學生學習以毅力面對各種有難度的挑戰。或是針對「獨立自主」的SEL課程，可以介紹或強化「定型心態」和「成長心態」的概念，並將這些知識直接應用到專題裡。

　　如果你在課程規劃的順序和範圍上保有彈性，不妨移動某個學科領域的學習單元，將它比原先預定的順序提前或往後挪移，以便與專題重疊。如果順序和範圍已經設定且無法更動，那麼在第一次計劃專題（有意識的整合）時，請牢記這個既定的順序來制訂你的計畫，並且在正式的學業學習時間教授這些相對應的學習單元。對於學業內容和SEL來說，平行的統整促使學生能夠以有意義的方式與主題進行互動，並且給予老師更多時間，透過額外的學習體驗和機會，發掘新技能和延伸專題裡所介紹的概念。

　　以莎拉為例，她計劃將幾何學融入「戶外教室」專題。然而她的幾何學單元原本訂在冬季末期進行，而不是專題之初的秋季。由於莎拉擁有調整授課時間的彈性，所以她挪移

了教學時程，以便搭配專題的進行，這麼一來，這些數學內容對學生來說就會變得更具意義，他們也能夠直接應用新培養的技能以因應專題所需（Helm, 2008）。

莎拉利用她原有的數學時間以及正式的數學課程，來教授幾何學課程，內容涵蓋學生預期要學習的專題內容。對於那些需要練習辨別形狀的孩子，莎拉讓他們用各種DIY材料來創造形狀，像是黏土、牙籤、冰棒棍、橡皮筋和幾何板，給予孩子機會探索幾何概念。她花時間與每位學生進行有目標的對話，以評量他們創造不同形狀以及為不同形狀命名的能力。不論孩子所選擇的媒材是什麼，多元媒材提供孩子多元的方式，展示他們對概念的理解。正因莎拉重新調整教學時程表，孩子們也有了更多時間來發展他們對幾何學的理解力。

與此同時，她的學生也利用專題工作時間探索與專題需求相關的幾何學，主要目的是用來呈現戶外教室的平面圖，以及之後要設計和建造的木偶劇場。你會發現，他們學到的幾何學，都會在後續的專題活動上發揮重要的功能。例如：孩子必須學習如何繪製他們的樂器（2D形狀），然後利用回收材料製造它們（3D形狀）。學生要對所有不同的3D積木進行分類、擺放和標示（見圖3.6、圖3.7），這些學習與決定一再顯示，學習幾何學對於成功地完成專題有其必要性。而進行中的平行教學，也使得學生能夠深化和鞏固對於幾何學概念的學習，這些概念不僅是專題所需，之後也會遷移至其

◀ 圖3.6　學生將3D積木分類、描繪和標示，以便儲放在戶外教室方便取用

▲ 圖3.7　架上分類和標示過的3D積木

他地方的應用。

然而，如果莎拉不能彈性地調整幾何學單元的教學時程，又該怎麼辦呢？她可能會把這個專題當做一個機會，讓學生體驗和探索這些不久之後即將正式教導的幾何學內容。在評量學生的進步和學習狀況時，她會把專題目標單純地聚焦在讀寫能力、社會研究和SEL能力，而不是幾何學。在第八章，我們會針對評量進行更進一步的討論。現在，當你在考慮這些統整選項時，請將你的評量重點聚焦在符合這個專題背景的課程目標和關鍵學習指標上，而不要勉強自己去做非自發性的統整。

莎拉的發音課程也與專題平行進行，因為學生在正式的發音教學時間裡，也在學習辨識自己名字裡的首字字母。做法上和幾何學的學習類似。請孩子將他們自然發音時段裡所做的功課，與完成專題所需要知道的內容做連結。例如：當需要標示戶外教室的平面圖時，孩子會將戶外教室的新位置與他們的朋友名字中的字母連結起來。

舉例來說，當孩子看到" Block Shelf"（積木架）、"Puppet Theater"（木偶劇場）和"Book Area"（圖書區）這些字，有些孩子立刻注意到並大聲說：「B！這是Ben的名字裡的第一個字母。」或是：「P！這是Penny的P。」跟數學一樣，「平行的統整」幫助學生深化課程學習以及對專題學習的理解。

總結來說，「平行的統整」能達成兩個目的。首先，它提供了機會與更多時間，讓老師可以搭建鷹架、支持和拓展學生對專題學習的關鍵學習。第二，它讓孩子看到，正在學習的內容是如何與「專題式學習」單元中更廣泛、更真實、有意義的知識背景密切相關。

　　請回想一下本章開頭所舉出的迷思：必須在專題進行前事先教導許多事。你可以看到在「專題式學習」的教室裡，如何讓真正的學習全天候地發生；有些內容是統整過的，有些內容是平行進展的，不管如何，所有的內容都與目前正在關注的專題相關。圖3.8能提供你在計劃「平行的統整」時的參考。

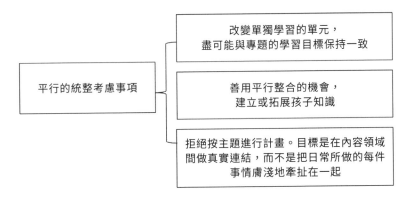

▲ 圖3.8 「平行的統整」考慮事項

第三層：自發性的統整

　　真實世界裡的某些環境，其特徵有助於把學生的注意力和思維導向富含數學意味的方式運作。辨識這樣的環境，特別有助於在學生非正式的體驗和他們正在學習的新正規數學之間建立概念上的橋梁。（Fuson, Kalchman, & Bransford, 2005, p. 231）

　　隨著專題的展開，統整的第三層方法會自然而然且出乎意料地，發生在老師或學生發現關鍵知識和技能時（圖3.9）。當這種情況發生時，老師必須思考這些新知識的意義，或學生需要知道這些知識的原因，然後靈活地將其編入特定的課程內容。這種自發性發現新知識的時刻，經常讓師生雙方都感到極其興奮，因為它強化了「學習是一個過程」

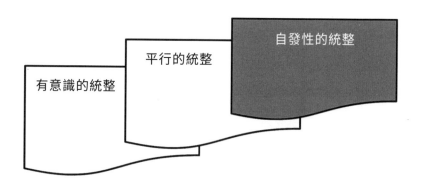

▲ 圖3.9　統整三層次之三：自發性的統整

的觀念，為老師和學生帶來意想不到的收穫。

當一位專業的木偶師到訪這個班級，並解釋木偶師會專注在某個字的音節，以便知道要在何時打開和闔上木偶的嘴巴。就在此時，自發性的統整學習發生了，因為孩子在正規的自然發音課程中，一直在學習音節。聽完木偶師的這番話之後，莎拉立刻抓住機會，利用木偶來加強孩子對於音節的音素意識。她也意識到，既然學生正在探索音樂，不如運用鼓和沙鈴來教導音節，進而加深了節奏、聲音和音素意識之間的連結。於是，木偶師的到訪（向專家學習新資訊），再加上莎拉對孩子的觀察，同時啟發了課程主題之間的連結。

還有一個情況也會發生「自發性的統整」。是當**學生**自己注意到課程的連結，並且將這些想法指出來，最後由老師把它們帶入專題中。在「戶外教室」專題中，當某位室內設計師來班上分享，並向孩子展示她的捲尺時，一名孩子用手指著上頭的數字，這個舉動引起了其他孩子的好奇，他們對於數字和其用途向來有著與生俱來的好奇心。就在此時，一名孩子詢問設計師是否可以看看那只捲尺，並且用它來「測量教室」。於是莎拉拿出原本教室裡的幾把直尺和捲尺，讓孩子盡情探索數字和進行測量。

這裡還有一個混合的版本。在專題進行期間，莎拉自然而然地冒出許多點子，但是她按兵不動，想看看學生之中是否會有人會提出這個建議。在孩子提議為戶外教室建造一座

木偶劇場之後，莎拉和一位自願幫忙設計平面圖的家長取得聯繫，家長並表示願意捐贈木材，以便全班同學能一起建造劇場。在這位家長將他繪製的平面圖e-mail給莎拉後，她驚喜地注意到一個跟幾何學學習的連結，這是她之前沒預料的。

　　雖然莎拉曾經計劃將形狀的學習統整到戶外教室的平面圖中，但是當孩子第一次提出這個構想時，她還沒有想到要怎麼把幾何學應用到木偶劇場。在那個當下，她決定讓孩子使用各種用紙張剪好的形狀（見圖3.10），來設計自己的木偶劇場，提供給那位幫忙設計平面圖的家長一些想法。在分享給全班看那張由家長繪製的平面圖之前，莎拉想看看班上是否會有任何一個孩子，可以把它跟幾何學做連結。沒想

◀ 圖3.10　一位小朋友利用形狀來創造她自己的木偶劇場設計

到，立刻有一位孩子表示，他在這張圖裡看到了「矩形和正方形」；另一位學生則說：「我的木偶劇場裡有許多形狀。」於是莎拉大聲地問：「我想知道你們是否可以設計自己的木偶劇場，因為你們已經對形狀有很多了解了。」

我們認為「自發性的統整」對於「專題式學習」非常有幫助，甚至建議老師，偶爾將一些**精心計畫**的統整視為是**自發性的**。請注意孩子是否為自己建立起這些連結，並盡可能**讓這些連結看起來好像**是出自於他們之手，理由是，相較於由學生的提議對班級造成的助益，由老師宣布的計畫所帶來的益處微乎其微。例如：在莎拉的「戶外教室」專題裡，她原本就計劃帶學生到樂器行進行實地考察，但是她祕而不宣，直到一位學生提出同樣的建議時（**自發性的統整**）。

如此一來，不僅整個班級對於樂器行之旅感到期待，提議的學生也會為自己的構想感到自豪，進而也鼓勵班上學生了解到，他們對於學習有一定的主控權。此外，在採用孩子的意見或建議之後，請盡可能提到提議孩子的名字，以增加學生們對學習的自主權。例如：「我們參考茉莉的想法，用形狀來製作木偶」，或是「去樂器行是吉妮雅的建議」。

在「專題式學習」中，我們應該留意現有的學習指標內容，辨識出這些學習指標的廣泛應用，讓它們能落實在學校以內和學校以外的真實生活中。當老師對指標具有深度的理解，並且以高度意識在跨學科間做出連結，讓會激發出更真

實而有趣的教學內容。而當孩子發現並分享這些連結，在我們的尊重與鼓勵之下，**孩子的**構想將推動著專題，朝向意想不到的方向發展，最後得到令人振奮的豐碩成果。正是這些自發性的連結激發出孩子和老師的創意、參與和愉悅感。圖3.11可以提供你在尋找「自發性統整」的機會時做為參考。

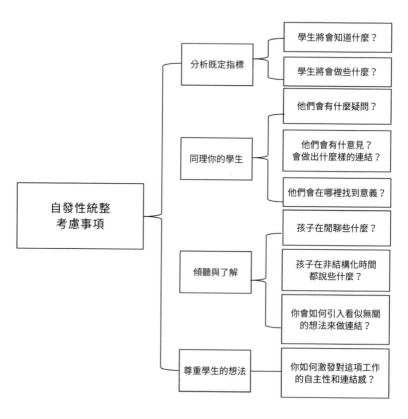

▲ 圖3.11 「自發性統整」考慮事項

當老師以增進理解與知識的遷移能力為教學目的，並提供學生將所學應用於真實生活情境的多種機會，就有可能為他們創造出長遠成就。（McTighe & Willis, 2019, p. 23）

開始計劃屬於自己的專題

當你開始計畫和實施專題時，你會開始了解如何以及何時去整合內容與技能。例如莎拉知道她想要教授某些主題（製圖技能、主動學習），並刻意將它們納入專題的教學計畫中。她還知道有一些內容需要分開教授，跟專題平行進行。她樂於觀察學生、反思專題，並隨時根據需要做內容的添加或修改。透過讓學生提出他們自己注意到的連結，莎拉也為學生留下驚喜與難忘的時刻。

此外，莎拉會在日常課表的社會研究和科學時間裡，找機會置入專題工作的內容。她也會運用課表裡的其他時間，來進行對專題學習目標有意義的活動。例如：孩子會在閱讀時段研究人物性格，也會在寫作時段進行「寫給校長的一封信」來討論戶外空間。而莎拉之所以能夠將專題體驗整合到一天的課堂時間裡，是因為這個專題的內容與既定的課程密切相關。

表3.2讓我們得以一窺「戶外教室」專題運用「統整三層次」的全貌。莎拉的學校允許老師重新安排學習單元和授課時程，只要所有的內容指標都可以被照顧到。

現在，請花點時間駐足反思，「統整」是如何發揮效果，來幫助學生將「正在學習的內容」以及「為什麼學習這些內容很重要」連結在一起。考量一下，你在教學範圍、內容和順序上擁有哪些自由度。你目前的工作環境具有哪些限制條件？

我們了解你可能無法像莎拉那樣擁有完全的教學自主權，可以將課程內容安排到專題當中，對於「自發性統整」也是可遇不可求。雖然如此，我們仍鼓勵你參考表3.3的建議，看看如何在符合學校期望的基礎之上，嘗試成功地邁向內容統整。

對教師而言，為專題計劃一個統整性課程，是一項有愛的工作，這是成功實施「專題式學習」的核心。實施「專題式學習」需要耗費的時間和精力。從概念的層次到日常的課程，都需要老師運用深入地思索，徹底思考你想要置入專題中的構想、概念和過程。希望我們提供的資源，能幫助你進一步想像和了解「專題式學習」。即使它看起來具有挑戰性，只要想到你和學生將透過專題所體驗到的參與感和真實感，你所花費的努力一定會值回票價！

表 3.2 「戶外教室」專題中的統整

關注領域	課程標準	專題構想	統合層次
社會與情緒學習	SED 5.1 更加主動地發現新事物，找到新的解決方案，並堅持不懈地嘗試解決問題。*	學生根據他們最初的構想來制訂與執行計畫	有意識的
歷史和社會研究	K.4 學生對比和比較人物、地點和環境所在的位置，並描述它們的特色	學生將創作空間配置的平面圖／地圖，並透過照片和文字來描述這些配置	有意識的

關注領域	課程標準	專題構想	統合層次
數學（幾何學）	CCSS K.G.A, K.G.B. 1–6 辨別和描述形狀；分析、比較、創造和組合形狀	學生使用戶外教室空間的空白地圖，用紙張剪好的形狀來設計教室	有意識的
		運用幾何單元「做出一個形狀，建造一個方塊。」(Investigations, 2008)	平行的
		利用形狀來設計木偶劇場，用形狀標示和名稱來組織積木架	自發性的

關注領域	課程標準	專題構想	統合層次
英文語言藝術：閱讀	CCSS.ELA-LITERACY. RF.K.1.A–1.D 展現出對出版品的組織結構與基本特質的理解	使用互動式寫寫一封信給校長，請求允許設計這個空間	有意識的
	CCSS.ELA-LITERACY. L.K.1.A 列印許多大小寫的字母	進行姓名研究，讓孩子學習彼此的名字，找出每個人的名字裡有多少字母和音節，就可以把已知的（他們自己的名字）與未知的（其他的名字和未來會學到的單字）連結起來	平行的
	CCSS.ELA-LITERACY. RF.K.2 展現出對口語、音節和聲音（音素）的理解	孩子透過樂器和木偶來練習音素意識（音節）	自發性的

---

* 注：Preschool Learning Foundations CA Dept. of Education Volume 1

表 3.2（續）

關注領域	課程標準	專題構想	統合層次
英文語言藝術：閱讀	CCSS.ELA-LITERACY.L.K.2.D 利用對聲音與字母關係的了解，根據語音拼出簡單的單字	使用「Words Their Way Phonics」課程	平行的
	CCSS.ELA-LITERACY.RL.K.3 在提示和協助下，辨別故事中的人物、背景和重大事件	在讀者工作坊中運用人物研究，以協助創作木偶和故事	自發性的
英文語言藝術：說／聽	CCSS.ELA-Literacy.SL.K.1 理解與合作	始終把學生對於專題計畫的討論擺在優先	有意識的
	CCSS.ELA-Literacy.SL.K.4 表達知識和想法	學生將計劃最終的學習成果慶祝活動	
英文語言藝術：寫作	CCSS.ELA-LITERACY.W.K.3 結合繪畫、口述和寫作來敘述單一事件，或是將幾個關聯鬆散的事件，依照它們發生的順序來講述，並且對所發生的事情提出回應	學生在寫作期間創作原創的故事，提供木偶表演的靈感	自發性的
科學：工程設計	K-2-ETS1-1. 對於人們想要改變的某種情況提出問題、進行觀察，並且蒐集資料，將其定義成一個可以透過開發或改善某種新的物件或工具來解決的單純問題。 K-2-ETS1-2. 發展一個簡單的草圖、繪圖或實體的模型，來說明某個物件的形狀如何發揮所需要作用，以解決既定的問題	孩子為他們的音樂區設計原創的樂器（2D的繪圖和3D的原型）	自發性的

表3.3　在各種學校環境中的統整

如果……	你可以……
如果你受限於某個既定的範圍和順序……	查看某個特定範圍內,例如八到十週的這個間隔所有關鍵的學習目標。使用你課程文件中會自然出現的指標去設計專題。如果你發現正在設計的這個專題,實際上更適合放在另一個八到十週的間隔內,不如移動這個專題以便跟指標相符。
你必須教授那些跟專題不相符的內容……	考慮將這個主題與專題分開教授。如果它們不合適,就無須將指標勉強放入成果之中。例如:你正在教授「位值」,而這個主題並未整合到專題裡,也許你可以把位值當做獨立的內容來教授。然後依據確實與專題自然相符的指標來制訂你的成果與評量。
你對範圍和順序可以有一些彈性……	改變你的學習單元,讓學生可以獲得回答驅動問題所需要知道的內容,以符合學習目標。
你對日常的課程安排擁有完整的自主權……	嘗試把一天當中的「區塊」都化於無形。例如:把數學時間跟讀寫時段都先放下,讓你的專題目標驅動你日常安排的每一個學習時段。你也許可以考慮將這些時段稱為「專題工作時間」,而它們可以包含所有構成專題中各個領域的統整內容。

一旦你決定投入「專題式學習」，就是盡己所能深入規劃日常課程，並想辦法為孩子提供手腦並用的學習體驗和練習機會的時候了！下一章，我們將繼續探索如何將實地考察和實地體驗、來賓演講、調查、影片和朗讀等適合於教室中的活動，納入「專題式學習」的考量選項。我們建議你參考「附錄1」由莎拉製作的專題計畫書。請特別注意莎拉是如何整合多個學業、社會與情緒的學習目標。行事曆則分為課程和體驗，其中包括如何搭建鷹架和差異化教學的說明。我們認為這份說明能引導你發展日常的教學目標和課程構想。當你準備好計劃自己的專題時，可以在 PBLWorks 網站中找到空白的計劃檔案。

戰勝誤解

　　在真實的世界中，並不會像大多數教育體系這樣，將課程拆解為各自獨立的數學、語文或科學學門，並且用這些被拆解成零零散散的知識片段，做為學校實施的日常課程（Beane, 1991）。雖然有些內容的學習的確可以透過抽離的方式，來單獨地教導技能和發展知識，但這種學習方式並不能反映出真實的生活經驗。因此，我們應該盡可能在教室裡創造真實學習的機會，讓學生透過課程的安排，體驗真實生活中看到的統整學習模式。

　　一旦我們開始運用統整的模式看待自己的教學，「教」與「學」便會在一瞬間變得自由自在、無限寬廣。當我們試著停下來做觀察（正如同孩子經常做的那樣），你會發現，教學中幾乎萬事萬物，包含每一個學習領域，實際上都是互相關聯的，孩子的學習將因著統整模式，變得更加豐富、有意義。

04

重新定義研究

持續探究幼兒「專題式學習」

 「專題式學習」似乎牽涉到很多研究。
我的學生還太小，沒辦法自己做研究。

　　幼教老師經常會說，「專題式學習」在他們的教室裡行不通，因為這些孩子年齡太小了，無法參與研究。或許這個迷思來自於，過去在我們受教育的過程中，大部分所謂的「研究」，指的是一個一成不變的過程：先是閱讀書籍、蒐集資料、記下筆記，最後撰寫報告或論文。特別是對於國小高年級以上到高中、大學期間的學生而言，「研究」通常被認為是一種學習更多內容或發現更多資訊的方法。常見的研究進行方式通常是，老師在科學課或社會課堂上，指定學生針對某個主題，例如：某個特定的英雄、地區或國家等進行「研究」。

　　由上可知，大家會認為「專題式學習」著重在「研究」

不無道理，因為「專題式學習」的確要求學生要不斷地尋找問題的答案。用這樣的邏輯思考，而認定「專題式學習」無法在幼兒教室裡實施，也就不令人感到太過驚訝了。然而，當我們用太過狹隘的觀點來看待「研究」一詞，可能會導致社會大眾對於該詞含意上的誤解。

如果我們翻閱韋氏大辭典（2019），查詢「研究」（research）這個字，可以找到下列三種定義：

1. 仔細或勤奮地搜索。
2. 孜孜不倦地**探究**或檢驗，特別是針對事實的發現和解釋進行**調查**或**實驗**。
3. 蒐集關於特定主題的資訊。

「專題式學習」結合了「研究」的三種含意：我們期望學生透過調查和實驗，仔細和勤奮地搜索關於某個特定主題的資訊。我們希望他們以嚴謹的研究方式，持續發現和解釋事實，以回答不斷冒出的各種新問題。當老師提出具有挑戰性的問題或驅動問題時，會鼓勵學生抱持著好奇心，思考問題並尋找答案。而透過學生的思考，又會將他們引入學習的過程，特別是**探究的循環**。在這個循環之中，以提問帶來答案，而答案，又要求學生更進一步提問與更進一步回答。

顯而易見的，傳統的學校作業要求學生進行「研究」以

學習新資訊；而「專題式學習」，則是將「研究」當做是持續探究的循環中的一部分。

在「專題式學習」的過程中，首先，教師會幫助學生進入一個讓他們產生問題（探究）的循環，來為研究預做安排，然後讓這些問題引導學生去探索和發現（調查和實驗），以回答關鍵問題或驅動問題的答案（見圖4.1）。透過

學生根據他們需要
知道的事項來提出
問題

學生用各種方式來尋找
或發現問題的答案

學生根據他們
的研究、體驗和探索
產生更多的問題

▲ 圖4.1　專題的探究循環過程

這些有目的的學習機會，幼兒會一同討論，進行訪談、實地考察和動手操作的課程體驗，並進行適齡的研究。在這個持續探究的過程中，老師為學生搭建的鷹架會激發並引導孩子的好奇心，進一步拓展學生的調查和探索過程。孩子從這些經驗中所獲得的啟發，又會持續鼓勵他更深入地研究某個主題，並在真實環境中透過有意義的社會互動，以主動的態度建構新知識。

當老師將學生對概念的理解，拓展到：（1）探究；（2）調查；和（3）實驗，這三個具體的元素時，幼兒就可以參與研究。對於年幼的孩子來說，他們很容易依照第一手真實體驗的引導，進行發現、詮釋、應用和學習，加上老師在一旁提供適度的鷹架和協助，他們將進一步地查看或探索，以發現新資訊或蒐集資料來回答自己的問題，並對專題獲得更多的了解。

拓展幼兒「研究」的視野

在「專題式學習」中，當學生提出有關某個主題的驅動問題時，「研究」就開始了，這是專題探究的起點。所謂「探究」，是指由學生產生自己的疑問、主動地尋找和探索答案的學習過程。在「專題式學習」的教室裡，老師會運用探究循環中的多個切入點，讓學生參與這樣的學習過程，並將

這些切入點拓展成多個可研究的選項。這麼做是要鼓勵學生在整個專題中**持續地**探究、**深入地**挖掘，為自己的學習建構意義，並將所學應用到更廣泛的情境中。

我們可以將探究導向的學習分為四個層次：「驗證式探究」（confirmation inquiry）、「結構式探究」（structured inquiry）、「引導式探究」（guided inquiry）及「開放式探究」（open inquiry）。在前三個層次的探究中，老師通常已經知道最終探究結果，並會提供學生要回答或解決的問題；老師通常會提供預先設計好的紀錄表以及確切的探究素材；此外，在放手讓學生自行進行與體驗探究活動前，會先示範如何進行探究導向的調查。第四個層次的探究，也就是「**開放式探究**」，則最能符合「專題式學習」的願景，因為在這種探究中，問題是透過學生設計和選擇的程序所形成。（Banchi & Bell, 2008, p. 27）

換句話說，在其他三種探究的類型中，問題是被用來激發思考，而老師通常事先知道答案。然而在開放式探究中，問題雖然依然是用來激發思考，但答案通常是未知的，而且需要經由調查做證實。

調查與實驗

調查和實驗貫穿整個「專題式學習」歷程，但進行方式

> **探究是一種主動的、深入的過程。它是由學生所驅動，並且會持續且反覆地進行，並貫穿整個專題。**
> ──PBLWorks.org

與以教師為中心的學習環境大不相同。

在以教師為中心的學習環境中，學生需要透過研究，來學習更多關於該主題的資訊，或是獲得能支持特定結論的證據（Holland, 2017）。而老師則負責蒐集材料，製作紀錄表單，仔細說明實驗的每個步驟，然後帶領整個班級進行調查。

老師必須負責確保實驗「有效」，以便學生可以體驗到預期該發生的事情。例如：可能是讓學生觀察豆子在黑暗中的生長情況、將芹菜浸泡在有顏色溶液中並觀察莖和葉子發生什麼變化，或是調查教室回收箱裡的東西在一天結束後的去向。在這樣的教學情境中，**調查**（investigate）被當成「觀察」、「探索」的同義詞，不失為是一種讓傳統教室的體驗感覺更不同、更有趣或更新奇的方式，例如：「讓我們調查一下如何使用這把尺？」

在社會科的研究中，老師往往會先列出一張問題清單，以確保所有該教的內容都涵蓋其中，讓每位學生都能學到相同的東西，例如：用「請回想你小時候過著怎樣的生活？」來引導孩子研究他們的家族歷史，而且每個人都得按照老師給定格式來製作自己的族譜。這些由教師驅動的同質性「調查」結果，是二十個幾近相同的成品，展現的是學生遵循指

示的能力，不允許他們嘗試解答自己所好奇的問題。

在「專題式學習」的調查中，老師對於調查結果保持著開放的態度，他和學生攜手同行，一起制訂計畫，決定要做什麼、何時做，以及如何運用調查做為一種研究的方法。即使老師對於學生在專題展開時要做哪些實驗會有一些想法，但是會等待學生產生自己的疑問後，才會計劃某種實驗來回應學生的疑問。

例如當有學生問：「植物是如何吸收水分來幫助生長的呢？這時老師可能會運用芹菜與有色溶液的實驗，讓學生觀察水如何沿著芹菜莖逐漸上升，然後進入葉子的過程。學生也可以透過直接比較、量尺或小方塊，每週定期測量不同種類植物的生長高度，並運用觀察到的資料來決定如何將這些植物錯開栽種，以便在所有植物生長的高峰期都能被清楚地觀察。透過這樣的調查與研究，孩子能夠體驗大人們在扮演工作、生活、公民等角色時的實際解決問題方式。

「專題式學習」要求學生在持續探究的過程中，**積極從事研究的三個要素：探究、調查、實驗，即使是幼兒，也不例外**。幼教老師在這個過程中扮演著重要的角色，他們必須藉由促進對話與提問，引導學生主動投入探究過程。基於同樣的理念，老師在制訂教學計畫、設計學習體驗時，會將學生直接置於主導的核心，讓他們調查概念和實驗自己的理論，這會導致學生提出更多問題，並發展出新的知識。「專

題式學習」為學生所驅動的研究創造出理想條件，讓他們在投入專題單元的過程裡，處於一種不斷流動、持續深化的探究循環之中。

「專題式學習」的學習目標是……

- 將新的知識和SEL能力應用於陌生和新奇的情境（關於WHY）。

「專題式學習」的研究條件是……

- 老師扮演嚮導或促進者的角色，並且鼓勵探索。
- 學生透過持續觀察和提問，建構和獲取新知識（關於WHO）。

「專題式學習」的順利推動條件是……

- 課程和教材呈現多元的觀點，並由探究驅動實作體驗（關於WHAT）。
- 教學方法會善用社區資源和學生之間的社會互動（關於HOW）。

　　當所有條件俱足時，孩子就有能力深入參與有意義的研究。接下來，我們將分享莎拉設計「戶外教室」專題的完整歷程，並指出當她在安排教室裡的學習機會時所考慮的問

題，藉此帶你了解探究循環的各個層面，讓你對於「研究」以及最年幼的學習者實施探究所需工具，獲得更深入的了解。

戶外教室專題：持續探究的實踐

隨著「戶外教室」專題的展開，不斷盤旋在莎拉腦海裡的想法與點子，是關於如何讓這個專題具有足夠的吸引力，以便讓學生可以維持好幾個月的學習興趣。她自問：

- 我要扮演什麼樣的角色？我將如何鼓勵學生發想和主動參與？
- 我要如何協助這群還在學習英語的幼兒園孩子，並確保這個專題對所有的學生來說都是可行的？
- 我能為孩子提供哪些實地考察的機會？如何安排專家到訪？如何讓學生的提問推動整個專題過程？
- 學生將如何在教室之外應用這些新習得的技能和知識。

上述問題幫助莎拉在制訂教學計畫過程中，得以落實「以學習者為中心」的精神，並確保她的學生能夠進行有意義的持續探究。

WHY：持續探究的更廣泛應用

　　透過專題吸引學生投入持續探究的目的，是為了反映出學習在教室外真實發生的方式，以便在理想的情況下，為學生做好上大學、就業與參與公民生活的準備（National Council for the Social Studies, 2013）。

　　請想想，成年後的我們是如何學會做一份新的工作？一般來說，我們可能需要閱讀、觀察、請教專家、進行大量實作練習等等，而不會僅止於閱讀教科書上的內容。初步的嘗試與實作能讓我們學到很多，但也不可避免的會引發更多困惑和更多探究。在絕大多數的情況下，學習並不會結束於某一場「考試」，事實上它永遠沒有真正結束的一天，在我們的教師職業生涯中，探究和研究也始終持續不斷地進行著。將這種持續性的探究帶入課堂之中，將是孩子學到最重要、最切身相關的課程之一。

　　當我們學習某項技能（無論是某種樂器或運動）時，會在觀察他人、閱讀相關資料與不斷練習之中，經歷調查、反思和分析的持續探究歷程。然而，在以工業化時代需求為導向的傳統學校，卻告訴我們只能透過閱讀寫在書本上的知識來「學習」。**為什麼大家相信這是最好的「學習」方式，但我們在現實生活中卻幾乎不是這樣做的？**

　　當我們的學生透過實作方式開啟探究歷程，他們將自

然而然地更接近學習的目標。「專題式學習」讓孩子有能力去學習與應用，不僅能在各種情境中學到各種內容，更是一個透過學習，將知識與外部世界連結起來的關鍵歷程。擁有這些工具，孩子就可以提問、探索、假設、形成理論並進行測試，然後分析整合為新的學習。這將能鼓舞他們走向這個世界，因為他們知道自己有能力去研究、批判思考、形成主張，最終做出影響社會的選擇。

WHO：老師和學生各自該扮演怎樣的角色？

老師扮演的角色是一名嚮導、是學習的促進者，而不是一名指揮者（Helm & Katz, 2016; Musa, Mufti, Latiff, & Amin, 2011; Walker & Leary, 2009）。老師的工作在於建立一個安全空間，讓孩子可以自在地參與開放式探索，勇敢地嘗試錯誤、進行質疑和推論（McDonald, Mohr, Dichter, & McDonald, 2003）。如果孩子做出錯誤的假設，老師要帶領他找到答案，而不是直接糾正他的想法（Chouinard, Harris, & Maratsos, 2007）。

例如，當莎拉的孩子在自由活動時間參與戲劇表演，他們想以「經營一家麵包店」做為表演的主題。當他們表演時，莎拉觀察到一個孩子正在收銀機後面扮演收銀員，其他幾個孩子則在假裝購買食物。這群孩子給了收銀員一些錢，然後收銀員把錢放進收銀機裡。接著，這群顧客把手伸進收

銀機，把他們的錢拿出來，去買更多東西。

在自由活動時間結束後，莎拉和孩子一同討論關於「如何在商店裡用錢」的議題：

莎　拉：在今天的自由活動時間，我注意到你們假裝成麵包店裡的顧客。當有人想要買東西的時候，發生了什麼事？

依雷娜：嗯，黛西買鬆餅的時候，給了山姆錢。他把它放進收銀機裡。

莎　拉：然後，發生了什麼？

山　姆：然後，黛西把錢拿回去。

莎　拉：你的意思是什麼？

黛　西：我從山姆那裡拿回了那幾分錢。我直接把它們從收銀機裡拿出來。

莎　拉：為什麼？

黛　西：因為我沒有錢了。

莎　拉：山姆，你對這件事有什麼看法？

山　姆：我的收銀機裡有很多錢，所以這樣還好。

伊　登：但是你不可以那樣做，那樣做是偷竊。

邁爾斯：對啊，就像我們在雜貨店裡買食物，你不能夠把錢拿回來。不然，你就要把食物還回去！

莎拉仔細地觀察這些孩子，聆聽他們分享貨幣交易的運作方式，這讓她有機會發現孩子抱持的假設，並看出這是進行機會教育的好時刻。當孩子都有機會分享自己的觀察（以前去過不同類型的商店），莎拉接著請孩子想想看，他們可以如何更了解收銀員和顧客的角色，於是有位學生建議，或許他們可以實地拜訪一家麵包店。

快速策略

對於較大的學生來說，讓他們參與驅動問題的發展當然是一個選項，而在適當的引導與鷹架的協助下，較小的孩子也可以做得到（Lev, 2018）。如果你是「專題式學習」的新手，我們建議先由你提出驅動問題。隨著你對「專題式學習」愈來愈得心應手，請鼓勵學生參與驅動問題的形成，並在後續過程中，細心地納入學生的構想和見解，創造一個可以引領專題往前進學習氛圍。

記得要讓問題的用語保持開放、具有吸引力，並且與學習目標保持一致（Larmer, Mergendoller & Boss, 2015）。在教師的引導與協助之下，透過與幼兒共同創造驅動問題，將提升他們對這個專題的投入，並賦予他們學習的自主權。

身為學習的促進者，老師必須打造一間激發學習者好奇心的教室，創造一種重視**所有**提問的教室文化，並向學生傳達：我們可以**一起**找出解決問題的方法，共同回答驅動問題。老師會觀察學生的作品、傾聽學生的構想和見解，並具備敏銳度善用這些觀察，去了解學生知道什麼，並決定在有鷹架支持和沒有鷹架支持的情況下，自己能夠做些什麼。

老師會運用形成性評量和總結性評量兩種方法，監測學生的進步並給予引導。有時，他像是個輔導或諮商者，提供學生建議、替代性素材或其他資源。有時，他又像是教練，將問題回饋給學生，並要求他們從不同的觀點思考。總之，為了推展「專題式學習」，老師必須擁抱反覆探究的過程，並同時考量能提升所有學習者學業以及SEL能力的方式，為學生精心安排每一次的學習體驗（Kloppenborg & Baucus, 2004）。

Q. 我該如何計劃專題，以鼓勵孩子探索並與同儕互動？

幼教老師往往很好奇，探究的過程有多少比例是由老師驅動的，有多少是由學生決定的？這種疑問清楚地說明，了解專題中師生各自的角色是很重要的。

我們知道，為了讓年幼的學習者持續地深度參與一個專題，必須讓他們在學習的過程中擁有充分的自主權與發言權。老師必須對孩子的興趣與提問保持開放的態度，同時謹記課程標準與學習指標。這些目標就像是房子的框架一樣，

提供一個清楚的結構，但在這個結構**之內**，我們則有建造和設計的自由，那就是藉由專題實行過程中學生的構想和提問來予以充實。老師要給予**多大**的自由，取決於他們在實踐「以學習者為中心」理念上自認的適切程度，以及孩子對「專題式學習」體驗的自在程度。

Q.學生要如何積極參與知識的獲取？

以莎拉的「戶外教室」專題為例，在孩子參觀了戶外教室、莎拉導入專題的驅動問題之後，她便詢問學生對於戶外教室有什麼構想？接下來，她繼續扮演促進者的角色，有意識地提出探索性問題來引導學生思考，而不是直接告訴他們該做什麼才是最好的構想，或是如何做才可行。她將學生的想法做為主要考量，並用心地確認依此而來的教學要點，盡可能在她的專題框架中規劃更詳盡的課程、素材、資源和體驗活動。

她想到幾個可能的實地考察，但直到學生可以探索、質疑和討論這些可能性之後，才著手制訂計畫。這是因為她想確保一切是由學生的興趣，做為探究的驅動，因此她有意識地讓學生的提問以及她對學生彼此互動的觀察，做為安排體驗活動的關鍵因素。她還想確保計畫中能促進學生彼此間的合作、對話和學習體驗，讓孩子能夠向同儕學習、相互成長。如果孩子有疑問，莎拉不會立刻回答，而是將問題寫在

黑板上，等到當天稍晚再回來看看，或是把它添加到那份愈來愈長的須知問題清單上，以便做進一步探索；透過這些做法，莎拉也能為學生記錄下**他們**回答彼此問題的頻率。隨著專題和這個學年的推展，上述做法將有助於學生培養自信，並呵護他們的好奇心和技能。

這是在**研究**中的第一階段。確認問題、提出疑問、建議資源，以及覺察出學生的興趣。雖然年齡較大的學生與較年幼的學生可能會朝不同的方向發展這些早期的研究步驟，我們希望讓大家明白，當老師準備好促進學習的過程時，這類「以學習者為中心」的方法確實可以落實在幼兒身上。

Q. 如何為孩子創造機會，讓他們運用已知的東西來幫助學習與理解？

打從一開始，莎拉就知道學生可能會提出一些有趣的構想，但沒想到孩子的想法竟會帶來如此多的驚喜。例如，她曾想過學生可能會提出一個扮裝區和一個擺放書本的空間，但是她沒有預料到會出現木偶劇場和音樂區的構想。

對莎拉來說，可以把班上眾多學生的構想盡可能地考量進來，是一件重要的事。莎拉教室裡的助教蘿拉（Laura）在專題完成的重要時刻回顧起專題之初，她記得一開始學生提出各自不同的想法，當時的她並不認為專題能夠把孩子們想到的所有事情都確實納入考量。然後到最後，蘿拉說：「我

領悟到，只要對孩子的想法保持彈性和開放，一切都是可行的。我們**可以**讓這些考量全都達成。」她們的方式是，一次只專注在一個構想，並且以「區塊」的模式來看待專題，而不會試圖一次包辦所有元素。透過善用她們手上所擁有的資源，再加上向社區尋求協助，孩子們的想法都可以盡可能被考量進來。

在「研究」這個時間點，是將驅動問題和學生的生活經驗結合在一起的時刻。一個4歲大的孩子在九月開學時，可能還沒有辦法閱讀關於戶外空間的書籍，但可以運用他們的經驗和創造力提出初步建議，隨著專題的進展，所有這一切都會做更深入的探究。國小低年級學生也可以利用他們在學校內外的生活經驗，成功地進入研究的過程。有時，老師可以運用學生的背景知識和經驗，在多個專題之間建立連結，而有時，我們會在學生對這個專題所產生的誤解與假設中獲得另一個構想。不管如何，肯定學生的想法是很重要的，即使學生可能想錯了，但從他信以為真的事情或對某個主題的了解做為起點，通常是促進學習的有效策略。

Q. 學生的提問將如何引導探究過程？

「專題式學習」單元的學習目標之一，就是在孩子提出問題時，在老師的帶領下對問題進行驗證，而不是立刻給孩子一個「正確」的答案，或是給個敷衍的回應，像是：

「好問題，我們稍後會談到。」後來卻總是不了了之。在「專題式學習」中，「透過嚴謹的發展和提出問題的學習過程，提供學生寶貴的機會，成為獨立思考的自主學習者。」（Rothstein & Santana, 2011 p. 3）。自幼兒期就顯露出來的好奇心會賦予孩子力量，啟動更深入的學習。

在PBL World 2019年的主題演講中，傑出的教授與知名學者、同時也是多本談教育、社會正義和公共政策暢銷書作者佩德羅‧諾格拉（Pedro Noguera）指出：

> 你可以經常從3歲的孩童那裡聽到「為什麼？」這個問題。事實證明，「為什麼」是一個較高層次的問題……孩子天生好奇，而好奇心可以成為成就的驅動力。當我們挖掘出他們的好奇心，並且鼓勵孩童尋求問題的答案，他們就可以成為具有動機的自主學習者。當我們促使孩子利用這些超越記憶層次的較高階思考技能，他們便可以應用所學來解決實際的問題。如此一來，學習的力量會變得更強大，因為它已經成為一種思維習慣，這對於他們探索自己是誰，以及如何了解這個世界來說，絕對是不可或缺的。

如何為學生的提問技巧搭建鷹架並給予引導？一種方式是對問題預先詳加計劃，有意識地留出時間，讓孩子可以暫

停、思考和回應。另一種方式是提出需要學生思考的開放式問題，這不同於用「好了，大家有什麼問題嗎？」這樣的問題來結束課程，因為我們想對學生傳達的是，提問是一種學習的策略，而不是事後的想法。

在學年初始，學生可能需要有人引導他們去區分「意見」和「問題」的不同，因此在這個過程中需要老師的教導與協助。老師也可以從幼兒身上獲得啟發，觀察「孩子的興趣和評論……並將孩子的想法重新組成問題」（Helm, 2015, p.75）。像是一些孩子對於樂器發表相關的**評論**，例如：「鼓的聲音很大聲」或「它是用弦製成的」。莎拉則有意識地重構了學生的評論：「你想知道鼓為什麼很大聲嗎？」或是「你很好奇是什麼讓這個樂器這麼大聲嗎？」請盡可能尋找像這樣將陳述轉變成問題的機會，藉此讓學生本身的興趣來引導教學。

在「戶外教室」專題中，莎拉也經常像這樣幫助孩子形成問題。在孩子花時間探索各種樂器之後，莎拉問他們：「你們發現了什麼問題嗎？」而不是說：「有任何問題嗎？」請注意一個微妙但重要的差別！莎拉的方法指出一個假設：孩子**將會**有想問的問題，這是課程與體驗中很重要而且寶貴的部分，也與事後孩子提供的想法不同。這跟發下一張講義，上面寫好了十個關於樂器的問題，然後只是要求學生回答這些問題是截然不同的。擁抱這種差異，是領略建構主義和「專題式學習」價值觀的關鍵所在。

許多老師不太願意讓學生提出自己的問題，因為他們擔心這些問題跟專題無關或是「不夠好」。有些問題雖然乍聽起來太簡單或根本離題，卻可以讓我們一窺學生在面對專題時自然冒出來的想法，通常能在過程中創造額外的學習及體驗機會。有些問題雖無關課程但非常值得思考，這時老師可以直接回答，也可以邀請其他同學來回答，讓孩子們釋放自己的心智能量。有些問題則為老師提供絕佳機會，可以透過追問問題來引導更深入的探究。

莎拉規劃讓孩子參加吉他中心之旅時可以自由提問，其中許多問題很簡單，卻能引導出其他更複雜的問題。例如，在向老闆詢問過各種吉他的價格後，開啟了孩子更深入的探究歷程，因為他們想知道為什麼某些吉他的製作成本會比較高。當他們發現價格差異與吉他選用的材料有關後，又激發出這群孩子對樂器設計的想法，以及選用其他不同材料的可能性。自然而然地，孩子所提出的問題類型和思考過程，會隨著老師所提供的鷹架輔助、所建立的心智模式，以及問題形成技巧（Rothstein & Santana, 2014）、批判性思考技巧與氣質的培養等歷程，而在專題進行中獲得顯著提升。

讓我們看看表4.1中列出的學生問題，這些問題是由同一群孩子所提出。請特別留意從十一月到隔年五月，孩子在提問深度與複雜度上的變化。十一月時，孩子的提問傾向封閉式、與專題高度相關的問題；隔年五月時則開始朝開放

式、能夠激發深入探究的問題。

　　提出疑問的好奇心，將學生帶入探究的過程，而尋找答案的需求，則支撐著學生研究的熱情。身為老師的我們在參

表4.1　學生提問能力的進展

十一月	隔年五月
關於製作木偶和表演木偶戲，我們需要知道什麼？	我們要如何照顧植物和昆蟲（或動物）？
我們會用什麼來製作它？	我們要如何種植一些東西？
我們要如何製造出這些音效？	我們可以在哪裡做這件事？
我們要怎麼做出頭髮？	種植東西需要多少土壤和水？
我們要怎麼製作自己的木偶？	我們如何餵養動物？
我們要如何幫木偶說話？	動植物如何保持清潔？
它會很難嗎？	我們需要什麼來播種？
我們要如何讓自己的聲音變得更響亮？	我們如何讓昆蟲活下來？
我們要如何獲得這些木偶？	我們需要在哪裡播種？
我們要怎麼製作皮膚？	植物是如何生長的？
我們要使用哪個故事？	植物是如何生存的？
	昆蟲是如何生存的？
	幼蟲都吃些什麼？
	我們應該如何照顧寵物？
	我們什麼時候才能看到根部？
	為什麼植物有不同的顏色？
	生物需要什麼才能夠生存？
	什麼是活的？什麼不是活的？
	如何知道有些東西是活的？

反思與連結

當你在思考「探究」在「專題式學習」中所扮演的角色時，建議可以從以下問題出發：

- 你目前是如何看待學生的提問？
- 在你的教室裡，孩子是否有機會透過調查和探索對問題追根究柢？
- 如果是，他們的問題是否實際用於專題之中，或是做為獨立學習的額外研究機會？
- 如果不是，你可以在專題中創造機會，運用學生的問題進行持續地探究？

與「專題式學習」單元時，所扮演的角色在於協助與引導學習者，與同儕一起發現問題的答案。所有的孩子，即使是最年幼的學習者，都有能力對於周遭的世界進行批判性思考。他們具有想法和主張，有時會問一些自己可能已經知道答案的問題，當然也能夠對於問題提出合理化的可能解釋。我們有責任向孩子傳達，我們相信他們自己有找到答案的能力，他們因而能夠繼續提出問題，並且信任自己不需依賴我們就能獨立找到答案。

當孩子提出問題，請考慮這樣回答：「你的想法是什麼？」、「你如何知道？」、「你為什麼相信？」這樣的回應

表達出我們對問題的尊重，並鼓勵孩子進一步審視自己的內在，運用他們既有的知識進行批判性思考，以及從中獲得自信。如果孩子的答案依然是：「我不知道。」那麼，我們可以這樣回應：「你認為我們可以如何找到答案？」這個回應方式維持了老師身為一名嚮導的角色，也提醒孩子做學習的主人這件事。

WHAT：如何決定專題的內容？

在「專題式學習」中，課程被視為歷時一整年的旅程路線圖，而不是從A點到B點的線性或分層計畫。因此，極為重要的是，在一年的課程中辨識出最適合用於專題的主題，並審慎思考學生想要學習的是什麼，此外，也要覺察到課程中的某些主題並不適合運用「專題式學習」進行深入地調查。我們必須回到課程標準和學習指標，然後問問自己：「我的學生會關心什麼？」以及「我關心什麼？」我們相信這些問題的答案，將有助於你選擇「專題式學習」單元的內容。

莎拉在設計「戶外教室」專題時，也經歷同樣的思考過程。莎拉並沒有事先決定好她要教授的所有內容，也沒有在腦海中制訂好一個有明確終點的專題，而是選擇了一些指標，但正如我們在前一章所提到的，她一路上還添加了其他的東西。在秋季，莎拉同時參酌年終的學前班學習指標以及年初

的幼兒園課程標準。莎拉知道她必須教導孩子在學習中採取更主動的態度（California Department of Education, 2008），並希望向孩子介紹工程設計指標（NGSS Lead States, 2013）。她還知道，她想要將幾何學統整進專題中（National Governors Association Center for Best Practices, Council of Chief State School Officers, 2010），但還不確定要以何種能力整合。她知道他們將會設計一個戶外教室，因為這個空蕩、沒有人想要的空間是一個真實的挑戰，可以讓她的學生投入大量心力。她在整個專題中使用了統整三層次，讓學生的問題引導探究，同時仍然能符合預定的指標。莎拉也沒有詳細計畫專題展示與慶祝公開成果，取而代之的，她把這個決定權留給學生。

使用學生的問題來引導探究，意味著莎拉必須採取彈性的計畫方法。用這種教學模式教導幼兒效果尤佳，因為它的核心不僅緊扣住幼兒階段的課程標準和學習指標，同時特別著重並強調學生的自主權與投入程度。此外，這種模式也相當容易執行，因為它讓幼教老師有更多時間上的彈性，以因應以幼兒為對象教學工作的不可預測性。舉例來說，莎拉知道公開成果包含不同類型的慶祝活動與新空間的分享會，但她直到分享會舉辦前約兩週才確定日期。她想要確保所有的內容都已經完成，而她的學生也已經準備好進行展示與分享，間隔兩週的時間不僅保留了學習的彈性，也確保了學習的意義。

快速策略

　　你在計劃專案時，需要考慮的問題：

- 哪些內容最有料？
- 這些內容在真實世界裡如何被實際地使用？
- 哪些地方可以更深入研究，並連結到其他領域？
- 這些內容和背景的哪個層面和我的學生最相關？
- 跨學科的連結機會在哪裡？
- 什麼樣的體驗可以讓學生在新情境下應用所學？
- 我如何整合學科，以便讓學生將不同學科做連結，並知道內容間的關聯？
- 我能透過哪些方式培養學生的學習能力？

Q. 如何衡量學生對專題的興趣，並在必要時進行修改？

　　「專題式學習」所要求的探究形式，最終是要以學生的興趣為基礎。雖然老師可以發展驅動問題，為有意識的、平行的統整預做準備，但終極目標是讓學生的學習是以其興趣以及由興趣所產生的疑問來引導學習。在整個「專題式學習」單元中，有許多方法可以衡量學生的興趣，包括他們是否對於學習以及對於專題具有基本的、外顯的熱情。

　　你可以觀察孩子是否每天都帶著興奮的心情走進教室，想知道他們今天將要調查些什麼？他們是否會津津樂道自己

去圖書館借閱了跟目前專題相關的書籍？他們是否會為探索桌（discovery table）帶來一些物品，例如：放在罐子裡的毛毛蟲、鳥巢，以及其他國家的錢幣？你是否看到學生在非結構化時間（unstructured time）遊戲或談論這個專題？如果你發現學生對於專題不是真的很感興趣，請考慮修改或改善驅動問題，並納入更多的調查機會，讓他們有動手、動腦的體驗。

另一種衡量學生興趣並確定專題效果的方法，是觀察學生的參與度。做為一名老師，反思自己的做法和計畫，看看哪裡可能會讓學生感到興趣缺缺，是很重要的。如果你對於學生的興趣和參與度有疑問，請思考以下幾點：

- 學生能否在最少的協助下參與學習任務的持續探究，或者你必須卯盡全力來維持孩子的注意力？
- 學生是否一直在尋求你的協助？
- 對學生來說，目前的任務是否太艱難而無法獨自完成，或是太簡單且缺乏嚴謹性？
- 這個專題符合適性發展原則嗎？
- 對於學生來說，學習內容之間錯綜複雜程度和細微差別是否過於抽象？
- 課程是否變成一連串的活動，而非為學生提供探究的機會？

通常，當我們想到「教室管理」，就認為是要對學生的行為舉止設下規範和期望。然而，你是否曾注意到，當學生對他們正在做的事情感到興致勃勃且趣味盎然時，你其實就不太需要費盡心思去「管理」了，這正是因為，為你的學生設計出能持續參與且息息相關的學習體驗，就是最有效的教室管理方式。我們相信，教室管理的目標在於：

> 在探究型的教室裡，教室管理的目標在於創造條件，以幫助學生反覆思考概念性問題，以及複雜的問題解決方案，而不在於促進掌控學生行為的氛圍。當學生環繞著一個真實的任務，能夠彼此合作溝通，然後進行調查並參與在一個有科學方法的團體裡時，他們會承擔起更多的責任。（Harris & Rooks, 2010, p. 230）

相反的，當你看到學生發生一些傷腦筋的行為問題、和同學講話、社會衝突，以及過度依賴他人幫助，這通常表示學生的參與度正在節節下降，也意味著你可能需要做些改變，並思考：學生目前的座位配置、分組／夥伴合作的次數、教學方法、一天的時間規劃、課程的長度等等。

如果你發現學生似乎沒有參與感，或沒有動力去發現和探究，這很可能代表你的專題計畫需要做些改變。請考慮修改任務的時間長度，並視學生表現來增加或解除鷹架的搭

建。如果缺乏參與感的狀況持續一連好幾堂課，那麼，也許表示這整個專題都不太對勁，這時，你不要害怕中途放棄這個專題。或是，如果你只是剛開始發現這個狀況，那麼可能意味這個專題沒有足夠的「料」來持續探究，請看看是否有辦法增加或深化探究的內容。請尋找延伸的或可能的連結體系，或運用那些可能在你最初計劃時就被忽略掉的相關內容。

HOW：持續探究的方法

以探究為基礎的學習，涵蓋的內容這麼多，老師究竟要如何有效地扮演嚮導的角色，幫助孩子自己發現內容？我們經常聽到：「老師的角色不僅在於簡單地傳遞訊息與教完內容」，這句話說起來容易，但實踐上卻不簡單。「以學習者為中心」的教學模式可以幫助我們，思考**如何**引導孩子進行持續地探究，就有可能重新發現策略和找到新的方法，在教室裡帶動以探究為基礎的學習。**以探究為基礎的討論、實地考察**，以及**拜訪專家**，都是老師可以多加善用，以鼓勵學生在參與探究的研究過程中，彼此合作對話、提問、觀察和調查的方式。

Q. 如何促進以「探究」為基礎的討論，來提升學生的社交對話技能？

以探究為基礎的討論，是培養年幼學習者研究技能的重要元素。從啟動專題到展示公開成果，對話可以聚焦在計畫、共同解決問題、產生構想、回饋等等（Krechevsky, Mardell, Rivard, & Wilson, 2013）；討論則可以激發學生去思考、形成構想和意見，並做出回應，因而提高學生參與度並促進學習。以探究為基礎的討論可以採取不同的形式，取決於你所期望的結果。以下是三種以探究為基礎的討論實例。

1. 探索學生作品

請小組成員透過與專題相關的構想、圖像或學生作品進行討論，分享彼此的觀察和想法。這些學生作品就像鷹架，為所有學生提供一個自然的切入點來展開對話。老師可以請孩子把自己的想法畫在卡片或便利貼上，然後張貼出來做為記錄想法的一種方式。例如，學生可以討論並記錄他們認為這些學生作品是什麼、它們如何運作、如何關聯，或是在學校或家裡可能的用途。查看學生作品也可能產生更多可供學生研究的問題。當老師將這些物件傳給學生調查時，老師可以從簡單的開放式問題開始，例如：「你注意到什麼？」

2. 魚缸式討論

「魚缸」（Fishbowl）是一種聚焦討論的方法，目的是讓

孩子有機會在較小的團體中交談，並幫助提高其他學生的聆聽技能。進行的方法是：首先將四到六把椅子圍成一圈，其餘學生圍著圈子坐著；接著向學生介紹討論的主題或問題，並請願意討論的志願者坐到椅子上，其他的孩子則保持聆聽。例如，當討論主題為：「你想要如何與家人分享我們的學習成果？」然後老師在盡可能不干預的情況下，由坐在圈圈中的學生進行討論。如果圈外的孩子也想要有所貢獻，只需走進去，輕拍一個孩子的肩膀，然後交換位置。或者，當在圓圈中心的某個孩子已經發言完畢，也可以自行離開椅子。老師可以自由地為討論創造其他規範或界限，並在孩子分享構想時記下筆記。在討論結束後，外圈的孩子也可以分享他們聽到的內容。

3. 關鍵問題

藉由提出一個推動學生持續學習的關鍵問題來展開討論。這些問題未必一定是由學生所產出的，但是它們必須是回答包羅一切的驅動問題。舉例來說，請詳讀表4.2的討論，它發生在莎拉同一個學年第三個專題剛開始的那幾週，孩子們正開始參與有關動植物的研究，他們已經開始播種，並對各個植物持續做觀察日誌。但莎拉為這個新專題設定的驅動問題是：「我們如何照顧在戶外教室裡的動物和植物？」希望藉著這個關鍵問題，把學生的思考焦點轉移到如何可以對動物有更多的了解。

針對這個討論是發生在早上晨會之後。依照莎拉的慣例，她會將問題寫在白板上供學生閱讀和討論，請注意莎拉如何引導對話，並根據孩子們所說的內容，在不同的時刻做出回應。她經常跟隨著學生的問題提出新問題，而不是立刻直接回答他們的問題。

　　請注意莎拉如何用心地使用提問，來促進以探究為基礎的討論，並同時將學習指標牢記在心中。她希望孩子提出需要專家的建議，她希望利用他們的過去經驗，她希望引導他們透過實作體驗學習更多。在插話之前，她刻意接受孩子給出的多個回覆和想法，給予幾位學生思考和評論的時間。當老師堅守住學習目標，他們可以有策略、有技巧地以某種特定方式引導討論，以尊重孩子的想法。

　　請感受一下，當我們引導孩子為自己的學習獲得新的發現時所產生的力量，這將不同於只是告訴他們：「讓我們請教專家，來了解關於動物的一些事情。」直接**告訴**孩子他們將如何參與學習的過程當然會更省事，但**為孩子創造條件，培養他們對「如何學習」的認知與理解**，這種學習帶來的好處更為關鍵。當孩子建構起理解力，並同時聽到同儕也這樣做時，他們會意識到自己對於學習具有掌控力。他們不需要依賴某個大人向他們「展示」如何學習某些事情或傳授知識。孩子會意識到他們的想法很重要，他們可以去尋找知識，成為更獨立的學習者。

表4.2 教室對話和莎拉的想法

教室對話	莎拉對於促進學習的想法
莎拉：我們一直都在談論我們的大問題或驅動問題：「**我們如何照顧在戶外教室裡的動物和植物？**」我們從一直在做的種子實驗中，開始對植物有更多的了解。現在，我想知道關於動物呢？你們認為我們如何才能學到更多關於照顧動物的事情？	如何回答這個關鍵問題，意味著莎拉希望她的班級教學往哪兒走。她希望學生會建議去請教專家，並提出一些學習方法的建議，像是觀察一隻寵物，或是親自照顧一隻動物。

當只有幾隻手舉起來，莎拉如何進一步試探孩子的想法？

莎拉：你們有誰照顧過動物嗎？	這個問題直接連結到學生目前的經驗和知識。在此，莎拉的目標是利用學生的先備知識，以便連結到需要學習的知識。
納林：我幫我們在下課時發現的昆蟲做了一個家。	
莎拉：喔，那麼你認為我們應該了解更多關於動物的家嗎？這會幫助我們更妥善地照顧牠們嗎？	莎拉刻意將學生的回應改寫成一個問題，為其他人搭起對話的鷹架，並且鼓勵討論。
納林：是的。	
莎拉：我們也應該談談關於動物吃的食物。	
艾米爾：人類也是動物。	
莎拉：人類也是動物嗎？	莎拉抓住這個機會汲取學生的知識，並將它連結到有關於人類和動物生存所需的重點內容指標。

艾米爾：是的。就像人類要吃食物，動物也要吃食物。

莎拉：關於人和動物，還有其他哪些事情是一樣的？

約書亞：他們都需要喝水。

艾倫：他們都會睡覺。

此時，莎拉開始製作 T 形圖，用「人類」和「動物」做為欄目，以便學生可以比較這兩者。莎拉記錄了學生的想法以供之後參考，藉由這種方式來特別表達她對學生想法的尊重。

約書亞：還有植物也會喝水。它們的土壤就是它們的食物。但是莎拉老師，我還有一個問題，那就是，水是如何旋轉上升到達植物呢？

莎拉覺察到，這名學生正試圖將他對植物和動物的了解進行連結。

莎拉：讓我們把你的問題添加到我們的問題清單上，清單上都是我們真的很想知道的問題。我們如何才能學到其他更多關於照顧動物的事情呢？

莎拉刻意選擇不去回答這個問題，而是將它添加到現有的問題清單上，供學生繼續追蹤並稍後做研究之用。她的目標是要讓學生以他們易於理解的方式找到答案。

凱莉：狗是一種動物。

莎拉：是的。我們要如何對狗有更多的了解？

透過將陳述轉為問題，莎拉希望將這名學生的評論整合進討論的提示，以幫助學生搭建提問的鷹架。

艾倫：我有一隻狗！關於狗，我無所不知！

莎拉：我們應該請教你嗎？

莎拉藉此機會利用學生的專長與知識。她以此來引導學生更進一步想到，與專家談話可以是一種對事情更加了解的方式。

莎拉：所以我們可以更加了解動物的一種方式是請教專家，例如艾倫。現在來看看我們的圖表。到目前為止，我們可以透過以下方式了解更多關於照顧動物的知識，例如：研究和了解不同動物的家；了解動物為了生存需要吃的食物；還可以請教專家。我們也知道，在生存的需求方面，動物和人類有一些相似之處。約書亞還談到，植物需要喝水才能生長與存活。目前，我們已經種下種子並為它們澆水，同時觀察它們的成長，這可能也可以給我們一些解答。那麼，接下來我們該做些什麼呢？

瑞莎：我對蜥蜴了解很多，因為我有養一隻蜥蜴。也許我們應該有一隻像蜥蜴的班級寵物。

艾倫：或是一隻狗。

莎拉：嗯，我不確定我們能不能在班上養一隻狗……

約書亞：因為狗太活蹦亂跳了？

莎拉：也許吧。我們可以想一想其他可能幫助我們學習如何照顧動物的寵物。

莎拉停下來做總結，並強化研究的構想和學生對問題的回答。她還強調植物和動物之間的連結，因為這是該專題的另一個學習目標。

如果飼養寵物的想法並非來自一位孩子，莎拉可能會這麼引導：「嗯，看來很多人在家裡都有養寵物，是個動物專家。我想知道如何可以成為一個動物『專家』。」這很有可能會引導孩子說出：「我們應該養一隻班級寵物！」如果不是這樣，莎拉會進一步試探，像是：「我很好奇，如果我們養一隻班級寵物，會發生什麼事？」

莎拉知道專題計畫的一部分是養一隻班級寵物，所以她引領學生進行到這下一步。她不確定他們會決定哪一種寵物，但這不重要；她希望這個構想出自於她的學生，因此她在這裡做出總結。

在帶動你的學生進行以探究為基礎的討論之前，請花點時間思考：**你預期孩子可能會說些什麼**。嘗試提出能夠善用到他們的知識與經驗的問題。同時，**對你未曾想到的想法保持開放的態度**。例如，當一個孩子說：「在下課時間，我為昆蟲做了一個家。」莎拉把這個陳述轉變成一個問題，然後她決定要進行一個學習體驗：觀察動物的家，然後根據孩子對動物需求的想像，為特定的動物建立牠們的家。諸如此類的討論，讓孩子的構想可以被討論並繪製成圖表，直接影響了莎拉的專題計畫。

Q.有哪些促進討論的技巧？

1. 使用禮節約定或「思考歷程」（thinking routines），可參見本書提供的相關資源。

2. 透過提問拓展孩子的思維。例如：你如何知道？是什麼讓你這麼想？為什麼？

3. 請學生回答或補充其他學生的問題，像是：「有人想要補充嗎？」或是：「有誰可能知道答案嗎？」

4. 聆聽孩子壓低聲音說的悄悄話（「自言自語」），或是孩子之間的閒聊，並詢問學生的意見。

5. 大聲模擬思考和表達好奇。

6. 參考你在社交時間，例如：午餐、點心時間、下課回到教室時無意間聽到的對話，推動更深入的討論。

7. 關於對話可能如何進行，請帶著多種想法進入討論，如此你才能夠做好準備去帶動和引導學生。預期你的學生可能會說什麼。在你的腦海（甚至紙上）先發展出一個架構，形式可以如下：「我想要讓他們了解＿＿＿＿＿，所以我應該考慮詢問／聆聽／說＿＿＿＿＿。」這種心態能避免讓對話「掉進無底洞」。

8. 將學生說的話繪製成圖表，以便他們可以看到自己發表的意見，你也可以多次來回對照這些對話。這個做法能幫助孩子對自己的想法建立信心。

社交對話

老師也可以透過利用孩子的社交對話來拓展專題中的研究。例如：有一天，當孩子們在吃點心時，莎拉聽到他們在討論木偶劇場以及可以表演什麼故事。一名孩子提到，他最近和家人一起去看木偶戲，那是一齣他們在學校閱讀過的一本書所改編的作品。一名孩子驚呼：「嘿，我們應該也這樣做！寫下故事，然後把它們表演出來。」

當天的寫作時間，莎拉分享她無意間聽到的想法。她建議孩子寫的任何故事，都可以在木偶劇場裡表演給大家看。她希望孩子可以在非結構化時間利用這些故事得到一些構想，然後用他們的木偶表演原創的故事（圖4.2）。

在非結構化的社交時間（例如：午餐、點心時間和下課），可以讓老師成為一名不被覺察到的觀察者，進而注意到真正能激發孩子興趣的事情，它同時給予老師一個窗口，看到學生們正在學習的東西，這些觀察能為教室的討論、專題的延伸、研究的機會以及未來的專題提供最佳素材。某天在下課時間，莎拉注意到孩子利用大型積木來建造並演出一座圖書館。他們問莎拉，是否可以借一些書放在院子裡「玩圖書館」。她同意了，然後繼續觀察他們角色扮演圖書館員、店員和顧客。她原本可以把這只是當做他們的兒戲，然

▲ 圖4.2　將孩子的原創故事張貼在木偶劇場以提供靈感

而如果她沒有在下課時間觀察孩子的遊戲，就可能會錯過這些互動。這些遊戲時間的觀察，帶出一個完整的專題，在其中，她的學生們為幼兒園裡的其他孩子，創造出一個前所未見的圖書館。

Q. 如何利用社區資源進行實地考察、請教專家或其他教學方法？

實地考察與專家拜訪是促進研究過程的另外兩種方式，它們可以把在教室環境中看起來很抽象的某些事物變得實際和觸手可及。一般的做法是，親自拜訪專業人士的工作場所，訪問他們的專業知識，或是邀請他們到教室裡分享實作經驗。不管如何，目標在於讓孩子參與和真實環境有關的學習，並且「從專家的成功表現中進行觀察與學習」（Sadler & Whimbey, 1979）。當學生接觸到跟專題有關的人、地、事、物時，不可避免地會產生各種問題和好奇心，這會驅動專題以一種不可預料的、具有教育意義的，以及令人期待的方式進展。不論學生做為班級的主人迎接專家訪客，或是成為親自拜訪專家的訪客，「研究」正是在這些時刻發生了！正是透過這些調查的機會，學生為專題蒐集資訊，並為問題尋找答案。

把**實地考察**和大家耳熟能詳的**校外教學**區分開來是很重要的（Katz, Chard, & Kogan, 2014）。校外教學是到某個地

點參訪，可能與某個專題或學習單元有關，也可能無關。校外教學是由老師所安排或由家長所建議，因為這些大人希望孩子去體驗某個特定的展覽或表演。雖然這些體驗可能具有教育價值，還可能帶有娛樂性，但校外教學通常是一次性體驗，跟專題無關，甚至跟學生在教室裡所學的內容也無關。許多校外教學會安排去動物園或劇院遠足，可以做為一學期的重點活動、升上某個年級的傳承儀式，或是學期末的慶祝活動。然而，校外教學通常跟「專題式學習」無關。

相較之下，實地考察則與專題直接相關。學生進入某個研究領域進行觀察、探究、調查，並從第一手經驗中學習。當學生進行實地考察時，他們會接觸到專業人士每天使用到的工具、環境和其他資源。在某些情況下，實地考察的參與度較低；受限於「職業安全衛生法則」（OSHA）或年齡限定的規定，可能會讓學生只能看、不能碰。但這些考察仍然是寶貴的機會，可以讓學生進入專家的工作環境，進而了解他們的專題單元與更大的社區具有直接的關聯。學生因此可以基於他們對新知識如何實際運用於教室之外世界的觀察，來建構和應用新的知識，這使得孩子對於更廣泛應用的技能和概念，能發展出更深入的理解。

在開始一個專題時，想一想你正在教授的知識或技能，並自問：「**在大人的世界裡，誰會使用這些知識，以及如何使用這些知識？**」這些問題將引導你如何規劃實地考察，以

及與來訪專家的真實接觸。

在一種情況下，校外教學可能會與「專題式學習」產生交集。校外教學或一般我們普遍稱呼的「遠足」，可能激發出某個專題構想，這個構想也許來自學生或是老師。例如到劇院的一趟遠足，可能會促使學生想要探究一齣戲是如何創造出來的，或是燈光系統是如何在觀眾席運作的。敏銳的老師會注意到學生自然流露出的好奇心，進而為班級的專題發展出驅動問題。老師還可以在後續計劃一趟旅行，以做為啟動探究過程的入門活動。

莎拉開始計劃「戶外專題」計畫時，她曾想過誰會在大人的世界裡設計和建造空間。她腦力激盪出來的清單包括室內設計師、建築工人、建築師等等。雖然這些都是可能的選擇，但她感覺室內設計師似乎最符合孩子完成任務的需求，並且能最妥當的回答「**我們要如何才能創造一個戶外教室？**」這個驅動問題。因為她的教室是從一個既定的空間來進行設計和改造，而不是從頭開始建造或建構某些東西，找一位室內設計的專家來訪是最具有意義的。在那個時間點，她聯繫了學生家長和學校的其他老師，看看他們是否認識任何願意來訪的室內設計師。

隨著樂器專題展開，孩子在調查活動中增添了樂器和木偶，莎拉則經歷同樣的過程。她有很多考慮的選項：音樂會、音樂老師、演出者、樂器工廠、作曲家、指揮和音樂職

人。她先發出電子郵件給班上的家長，看看是否有人認識任何音樂家。其中有一位家長表示，可以邀請熟識的作曲家來班上聊聊。她還善用學校社群，請教學校的音樂老師，借重他們的專業知識和資源。當一名學生問道：「他們可否去樂器行？」莎拉立刻採納這個構想。在專題進展的這個當下，親身體驗樂器行深具意義，莎拉也清楚知道，根據專題的走向以及孩子的須知問題清單，透過樂器行的參訪能實踐專題目標。

至於木偶和木偶劇場的學習，莎拉考慮拜訪類似吉姆・亨森（Jim Henson）的工作室（恰好在附近），或是去看場木偶戲，並會見演員和木偶師。不過，當時專題所剩的時間不多，而且她已經帶學生去過吉他中心，這個額外的旅行似乎不太可行。於是她開始四處打聽，結果發現有位家長是木偶師，他自願到班上演講。

在此，我們再次強調一個值得注意之處，莎拉在專題開始時，並沒有計劃任何體驗活動，而是在行事曆上留下可能的空間。木偶劇場和音樂區是依照孩子的討論、建議，並且由他們自己打造出來的。她一直等到這些建議被提出來，才計劃實地體驗和專家來訪。雖然對於某些專題，老師一定會預先想到潛在的實地考察構想，並在一開始就做好計畫，但對於學生從自己的問題和新的學習中提出的構想保持開放的態度，始終是非常重要的。

為了從實地考察和專家來訪中獲益，如果要讓學生從這些接觸中有最大的收穫，老師需要在安排學生的學習上採取積極主動的做法（表4.3）。這一點極為重要。專家來賓也許沒有跟一整班年幼學童互動的經驗，所以事前跟他們分享細節以便他們做好準備是很重要的，像是告訴他們，在需要進入實作體驗之前，這個班級的注意力可以維持多久，你是否有準備請教專家的問題，以及對方是否有器材上的需求。

　　在計劃一個實地考察或某位來賓到訪時，請拉高你的目標，以定義出你心目中理想的體驗活動。如果事情最終不如預期，或因為種種原因無法實現，你可以隨時修改計畫。例如，在發給家長的電子郵件中，莎拉提到木偶劇場：「我**期待**讓孩子自己設計和建造木偶劇場。請問哪一位家長是這個領域的專長，或認識任何有這方面專長的人？」對於邀約來訪的室內設計師，她則表達：「我的**理想**是讓孩子自己發想、設計和創造出所有他們想要的區域，並且讓它實現，你能否幫孩子們這個忙？」

　　在來賓到訪教室之前，莎拉跟這位設計師進行洽談，不僅描述這個專題，也討論到她希望孩子從這次專家來訪能學到的東西。莎拉還提前了解設計師的工作流程，同時詢問來訪的專家他們可以攜帶哪些實體物品或工具，並將這件事放入提醒的電子郵件中。一旦他們討論好所有的事情，她和這位設計師便共同策劃了一項深富意義的活動，他們決定在來

表 4.3　與幼兒進行實地考察和專家到訪的考量事項

如果你想要……	那麼……
有清楚的計畫，並且了解孩子將會做些什麼……	拜訪實地考察的現場，或提前與經理或解說員談一談，說明這個計畫。走遍這個現場，以幫助你獲得一些構想，了解參訪的重點在何處。
孩子很投入和專注……	提前與來賓或實地現場的經理談一談。為了確保直接教導與實作體驗的平衡，請描述你的班級的表達方式與需求。盡可能了解這位專家的計畫。建議對方分享任何可實體接觸的物品或大人世界裡的工具。
孩子在體驗或實地考察期間有效地合作……	組成小團體。如果可能的話，每個小團體都有大人陪伴或協助。考量你學生的個性和需求。思考要如何將學生分組，然後透過不同任務來協助他們。或者可以安排能力混搭的小組學習。無論哪一種方式，請預備為學生搭建鷹架，以獲致成功。
家長志工或其他老師支持這個學習過程……	在這個體驗**之前**先與志工談一談，闡明他們的角色，或是你希望孩子從這個體驗中學到什麼。清楚地傳達大人的角色（亦即，家長是要協助**所有**的孩子，而不是只幫助或花時間陪伴自己的小孩）。與志工分享他們可能會問到的問題，有助於引導旅行中的學習。
孩子在心智和情感上都做好迎接實地考察或來賓的準備……	主持一場討論，主題環繞在孩子「認為他們可能會看到什麼」，或他們對來賓提出的問題。在探訪過程中，你可以提醒並給他們機會提問，或是如果他們感到害羞的話，你可以幫他們提問。與學生討論對於考察地點的預期（亦即，它是否是一個安靜的空間，或是團體行動的重要性，因為那裡很可能人潮洶湧）。
孩子記錄他們的學習……	發放附上鉛筆的寫字夾板，以便記錄觀察結果，並在考察結束後，分享他們注意到或學到的東西。
孩子在實地考察後或來賓訪問後，進行反思……	在考察體驗或來賓到訪後，立刻繪製學生的觀察結果（你看見了什麼），創作一本班書，或寫一封感謝信給來賓，分享孩子學到的東西。

訪期間，讓學生為這個空間建立一個點子板，最後讓這位室內設計師針對他們的設計提供回饋。

當你愈清楚自己的願景，專家愈能運用他們的專業來幫助你和你的學生，而且他們通常會盡己所能地傾囊相授。他們可能會需要你的引導，像是該如何和幼兒談話，或是如何組織他們的訪談，以確保他們能做出更好的貢獻。這些細節雖然需要你投入莫大的時間和精力，但一想到專題將拓展孩子對世界的視野，你所做的所有努力都是值得的，這些千載難逢的學習機會更是難能可貴。

專家到訪、實地考察，以及以探究為基礎的對話，在學生成功參與持續地探究上扮演著關鍵的角色。你如何安排學生學習，以及你如何設計機會讓學生提問、研究和回答他們的問題，會直接影響這些學生參與的程度有多深，以及如何將他們所學連結到新的環境與情境之中。

Q.什麼樣的教室實作體驗可以納入專題？

當幼兒有足夠的機會和同儕進行開放式的遊戲，以及不被打斷和非結構化的對話時，他們會進一步研究新的構想並應用新學到的概念。這是持續性探究的另一個面向。在「專題式學習」單元的背景下，老師應該透過整合諸如自由活動時間的結構，以及之前所提到的，花時間聆聽孩子在社交時間，例如：下課、點心時間和午餐時的對話，為這些體驗做

好計畫。當老師規劃出時間讓孩子和同儕一起調查和進行學習，他們就能鼓勵學生依照他們自己的意願，以相關和有意義的方式學習和探索新概念。特別是對於年幼的學習者，這些機會提供了較低風險的方式來參與持續的探究。

自由活動時間

許多兒童發展理論與大量研究都支持兒童遊戲的重要性（Dickey, Castle, & Pryor, 2016; Mraz, Porcelli, & Tyler, 2016; Rushton, Juola-Rushton, & Larkin, 2010）。遊戲讓孩子在發揮創造力的同時，也發展出想像力、敏捷度、身體、認知和情感的力量（Ginsburg, 2007, p. 183）。透過遊戲，孩子學會面對風險、發展個性、表達自我，並與同儕練習社會協商（Ashiabi, 2007; Dickey, et al., 2016; Elkind, 2008; Ramani & Brownell, 2013）。近年來，隨著社會大眾對學業教學內容的要求不斷增加，有些幼教老師覺得自己很難在一天之中經常性納入自由活動時間。然而，我們始終相信，自由活動時間（或類似的時間）對學生而言非常重要，孩子能從中調查素材、分享理論、做出預測與連結，並演繹出與大人世界平行的場景。此外，自由活動時間是一個絕佳的研究機會，因為孩子在這個時段學習到的技能與知識會延續到專題討論中，持續推動他們的學習。

以「戶外教室」專題為例，莎拉會把她從音樂老師那裡借來的樂器放在一個箱子裡。到了自由活動時間，她會邀請孩子把玩這些樂器，但不會給予指導。相反地，她觀察學生們彼此如何互動，以及如何與樂器互動。她注意到孩子們會以小團體的方式一起玩樂器，創造出節奏並唱出特定歌曲。他們有時還會拜託莎拉用電腦播放音樂為他們伴奏。她甚至親眼看到孩子扮演不同的角色：一名孩子拿起一根棍子假裝是指揮棒，然後扮演成交響樂團的指揮，其他的學生則是演奏者。

當孩子正在研究設計過程，自由活動時間則納入了探索直尺、捲尺和其他設計工具，並用雜誌照片和圖像來創建點子板。在這個專題中所有的階段，莎拉建構每個版本的自由活動時間，鼓勵學生自由選擇他們想要玩什麼，以及想要調查什麼。

WHEN & WHERE：將持續探究納入日常教學

在第三章，我們介紹過將探究納入日常教學的幾種方法。從字面上來看，每當學生參與到探究導向的學習體驗與調查時，「研究」這件事就會發生。我們不會宣稱現在是「探究時間」，或是在上課日指定某個特定時間來進行「研究」，而是想辦法在一天當中的不同時段，確實地創造出讓

孩子探究和好奇的機會。

　　根據這個班級在專題所處的位置，學習體驗有時可能會著重在探究和產出問題，有時則會著重在探索與調查。科學探究像是一種不斷重複的過程，並非循序漸進，而研究經常發生在整個學習過程中（Llewellyn, 2013）。既然每當學習者投入探究的循環時，研究就會發生，那麼照理說，無論學生在何處學習，例如在教室裡、在戶外空間、在樂器行、在學校花園裡、在遊戲場上、在圖書館等等，無處不發生研究。

　　為年幼的學習者提供適性發展的研究體驗，是「專題式學習」成功的關鍵。使用探究式學習吸引學生進入學習的過程，能以多樣的方式培養基本技能。當學生對於他們正在學習什麼、在何處、何時，以及如何學習可以貢獻想法，他們會開始將自己視為學習者。正如下面這段引文所強調的，持續性探究的基本要素如何與建構主義的原則以及「以學習者為中心」的前提互相一致：

　　　　探究式學習要求學生採取主動的角色來建構知識，以解決問題或探討問題。探究是以某個提問或問題為中心，需要進行推測、調查、分析，使用研究或模擬等工具。它可能發生在某一天的某堂課當中，或是發生在一個長期的專題當中。關鍵在於，學習者不僅是接收和記憶片段的資訊，而是在探究過程中，透

過提問、思考可能性和替代方案以及知識的應用，激發學生主動學習和主導性。（Darling-Hammond, Flook, Cook-Harvey, Barron, & Osher, 2019, p. 20）

戰勝誤解

幼兒是天生的研究者，他們與生俱來就會探究一切事物。當他們與周遭的世界互動時，他們會好奇、調查、推理，並尋求問題的答案。當他們感到興趣和好奇時，他們會尋求理解。事實上，當遇到有挑戰性或需要解答的疑問，以及當他們必須努力找出解決方法或答案時，就會大大地提升孩子的參與度和興趣。

這也是我們看到這麼年幼的孩子積極參與「專題式學習」的原因。在這種學習模式下，「研究」雖然看起來跟傳統上所想像的「研究」有所不同，但它同樣也是一種研究。讓我們**擴大對於研究的視野，運用細心與勤奮的搜尋，以及孜孜不倦的探究或檢驗，特別是針對事實的發現和解釋的調查或實驗**，這些都能為孩子帶來學業上以及社會與情緒上豐富的學習體驗，並為他們的未來帶來正面且長期的影響。

05

發展幼兒的讀寫能力

用「專題式學習」教導目的性讀寫素養

 我的學生還不會讀和寫。他們如何做專題？

　　許多老師認為，學生必須讀寫流利，能夠從訊息文本中獲取資訊、寫筆記，以及進行正式的報告，才能充分地參與「專題式學習」。此外，有些老師認為「專題式學習」不能有效地教導讀寫能力，因此如果目標在於教導孩子「讀寫」能力這項關鍵技能，用「專題式學習」並不恰當。幼教老師的確經常用傳統的方式進行幼兒讀寫教育，這往往牽涉到基本的教學技巧與策略。但是這種信念，卻可能同時隱含著對於「讀寫能力」與「專題式學習」的誤解。

　　如同第四章拓展了我們對於「研究」的理解，在本章中，你將發現，我們可以運用更多元的方式來培養孩子的讀

寫能力。而「專題式學習」則提供了一種情境，給予年幼的學習者真實且適齡的機會，以目的性的方式，培養聽、說、讀、寫等能力。

對教師來說，課堂中的「讀寫能力」概念通常僅限於教導孩子讀和寫。但是所謂的讀寫能力或是具備讀寫能力的意涵，卻更為廣泛，包括：**「讀」與「寫」的技能，以及「聽」和「說」的子技能，再加上運用這些技能進行批判性思考、問題解決、分析、推論和想像的能力**（National Governors Association Center for Best Practices, Council of Chief State School Officers, 2010）。

如果我們只是在某個讀寫能力教學時段裡，教導學生這些與基本讀寫能力相關的技能和子技能，就期待學生了解其意義並進行學習遷移，這幾乎是不可能的事，因為當解碼策略、發音技巧、常見字與類似字詞等內容被孤立地教授，這樣的學習極有可能缺乏深度。此外，在一個有限的時間區塊內進行教與學，有著開始與終止的特質，不管是對老師和學生來說，這都會產生一種不連貫的感覺，因而阻礙學生原先被預期該有的學習體驗及語言能力的發展。

因此，採用更寬廣的視野看待讀寫能力，不僅使我們有意識地將讀寫能力的教學整合到專題之中，同時能讓幼兒以更有意義的方式，發展關鍵的基礎技能和知識。

讀寫素養教學的三大要素

如果我們希望學生未來能與他人有效溝通、成為一名終身學習者，並且重視「跨課程的寫作」（writing across the curriculum）*能力，那麼就需要善用目的性的讀寫教學。「有目的」的讀寫未必是指一種「孤立的」讀寫。根據哈斯特（Harste）（2003）的說法，「面向二十一世紀，一個優秀的語言課程由三個部分組成：創造意義（Meaning-making）、語言學習（Language study），以及以探究做為基礎的學習（Inquiry-based learning）」（p. 8）。如圖5.1所示，目的性讀寫素養的三大組成要素，構成幼兒「專題式學習」的教室裡進行讀寫能力整合的基礎。

1. 創造意義

是指教師透過閱讀、寫作，或對於圖像文本的識讀（或可稱為「圖像素養」，visual literacy）等理解內容的教學策略，幫助學生進行各種類型的溝通與社會互動。所謂圖像素養，指的是「對於可見的行為、物體或符號（自然或人造的）所呈現的資訊，擁有詮釋、辨認、欣賞和理解的能力」（Institute of Museum and Library Services, 2019）。

---

* 編注：「跨課程寫作」的核心概念為，不把寫作視為是國語課程中的一個學習主題，而是一種增進任何學科學習，能讓學生主動參與學習的有效工具。

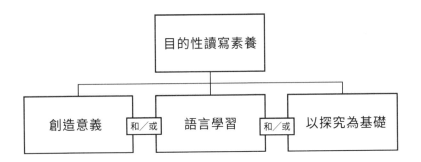

```
                    ┌──────────────────┐
                    │   目的性讀寫素養   │
                    └──────────────────┘
            ┌──────────────┼──────────────┐
    ┌──────────────┐  ┌──────────────┐  ┌──────────────┐
    │ 創造意義 和/或 │  │ 語言學習 和/或 │  │ 以探究為基礎  │
    └──────────────┘  └──────────────┘  └──────────────┘
```

▲ **圖5.1 目的性讀寫素養（Harste, 2003）**

2. 語言學習

　　指的不僅是學習發音、拼字、文法，還包括批判性思考、理解語言的目的、如何發揮文字的作用，以及聽說讀寫之間互相的關聯。學生會藉由熟悉語言的使用、鑑賞高品質的文學，以及與同儕互動的經驗來學習語言。此外，透過與日常文本連結的語言活動，更能幫助孩子了解語言在學習及日常生活中的功用。

3. 以探究為基礎的學習

　　是指學生經由探究的循環（包括提問、研究和回應）進行學習。第三章曾提到專題探究的過程，我們可以在過程中提供學生運用讀寫能力的機會，同時向學生指出，在讀寫時間中的閱讀和寫作同樣適用於專題的進行，讓孩子明白，自己所學到的能力能被應用和連結到更廣泛的情境當中。

「專題式學習」能夠為教導孩子在目的性情境下思考、閱讀、寫作和聆聽奠定基礎,「專題中豐富而潛在的讀寫體驗會為他們帶來成就感,這是因為讀寫能力有助於探究的過程,而且學習者必須以明確且目的性方式,來運用這些讀寫能力」(Helm & Katz, 2011, p. 104)。當讀寫能力被跨領域地統整起來,並且遷移到教室外的世界,而不是被局限在單一的「讀寫時段」時,學習者將能深度地培養讀寫素養。

將讀寫素養視為上述三個基本要素的總和(理解語言的意義、了解語言在生活中的各種用途,運用語言進行探究),將鼓勵成長中的學生(同時也是讀者和寫作者),藉由使用「讀、寫和其他符號系統做為學習的工具」,以便在社會脈絡下了解周遭世界(Harste, 2003, p. 11)。如果我們希望學生培養並應用讀寫素養,就需要在日常課程中置入有意義的讀寫體驗。

在本章中,我們會介紹幾種有助於將讀寫能力整合到專題中的結構。你可能對此不感陌生,因為它們在許多幼兒教室裡是很常見且有效的做法。但我們的目標是,強調這些結構在「專題式學習」單元中,如何能被有目的地使用。其中有些方式特別適用於剛啟蒙的讀者和寫作者,因此經常被用在學前班和幼兒園。如果你是國小低年級老師,也可以思考如何調整或修改這些結構,來符合學生的需求。

請注意,這些結構並不要求孩子能夠讀寫流利。更確

切地說，這些結構是透過補充和加強（而不是取代）孤立的發音、閱讀和寫作課程，為培養孩子的讀寫技巧和子能力搭起鷹架。雖然有時老師確實需要在專題之外，清楚地教導基本的閱讀和寫作技巧，「專題式學習」也絕對允許你這樣做（如同第三章討論過的「平行的整合」）。我們鼓勵你盡可能把讀寫時段發生的學習，連結到「專題式學習」的學習目標，幫助學生將發展中的讀寫技能應用到更廣泛的情境中。

反思與連結

- 目前你使用的讀寫教學結構，該如何自然地融入專題工作中？
- 你目前採用的讀寫教法，如何鼓勵學生培養讀寫素養，並將跨領域的學習內容做連結？

目的性讀寫素養的實施策略

讓我們再回到莎拉的「戶外教室」專題，思考「專題式學習」如何為「目的性讀寫素養」創造良好的條件。在專題開始時，莎拉的學生都只有4歲或剛滿5歲。這些孩子都還無法獨立閱讀，雖然有幾個學生能夠認得一些字母，少數幾個能夠辨別出子音；此外，班上還有一些來自多種語言背景的

學生，以及能把英語說得流利到某種程度的學生。因此，為了讓學生的英語讀寫能力達到某種熟練程度，莎拉意識到自己需要在整個專題中，有意識地計畫並為學生搭建鷹架。

正如第一章中所提到的，莎拉在學校花了六週的時間來建立她的教室團體，打造一個「以學習者為中心」的環境，以尊重學生的**既有**技能，其中包括讀寫能力。例如：許多孩子能認出並寫下自己的名字，還會用圖片表達想法。他們喜歡在晨會和朗讀時間分享構想；在遊戲時間進行協商和合作，通常會透過提問和手勢來溝通需求；在玩樂高、積木以及戲劇表演時，他們能夠演出由自己精心製作的故事。莎拉知道，當實施任何專題時，不只要善用這些剛萌芽的重要技能，更應該以此為重要基礎。

莎拉設計「戶外教室」專題時，首要的考量是認可孩子的優勢，並辨別出孩子在哪個領域還需要成長。雖然這個專題主要著重在社會研究和科學，但莎拉認為讀寫素養也是很重要的。隨著專題的進展，許多與讀寫素養相關的目標和技能一一浮現；莎拉在過程中也在尋找這些能力的實際用途，嘗試將它們整合在一起。雖然她知道沒有必要在專題情境下正式評量每一項技能，但確實有一些非正式的觀察，影響她在專題情境之外的讀寫教學。更重要的是，她的學生的確以有意義且目的性的方式，學會了讀寫。

在整個專題過程中，莎拉融入各種結構和教學策略，以

幫助學生發展各個層面的讀寫能力。「專題式學習」是一個
強大的媒介，讓學生對於基本的讀寫學習掌控自主權，內容
囊括的不僅是發音、文法、拼字，還包括與同儕的溝通，學
習如何詮釋、理解和解讀這個世界。在接下來的內容中，我
們將一一分析這些結構，以便你準備將讀寫能力整合到專題
時，可以有一份選擇清單。

策略1：班級討論

正如第三章提到的，「討論」是吸引學生進入學習過
程的絕佳方式。從培養讀寫素養的角度來看，討論能促進
學生參與，並增加口語的互動（Costa, 2001; Kloppenborg &
Baucus, 2004; Thacker, 1990），能為學生提供真實對話的機
會，也幫助學生發展提問、釐清構想、為來賓演講者來訪前
做準備、在實地考察或某個學習體驗之後進行反思，更有助
於發展孩子的詞彙、文法、輪流發言和聆聽技巧。在「專題
式學習」中，由於對話是環繞著專題的需求而展開，孩子通
常會非常專注且投入，從中並了解到，自己的想法很重要，
因為將會影響到專題的進程。

在計劃班級討論時，很重要的是要考慮到座位的配置。
當孩子圍成一圈坐著時，討論通常最有效，因為每個人都
可以看到彼此，也藉此練習看著說話的人。佛瑞（Frey）、
費雪（Fisher）和史密斯（Smith）（2019）稱之為「溝通圈」

（communication circles），這個圓圈讓班上每個人都能看到彼此。

當學生互相交談時（而非主持人），老師可以嘗試不點名孩子，而是讓孩子自行討論，並決定何時輪到誰說話。溝通圈的發言也可以是**有順序的**，例如請團體成員將發言小物傳遞給下一位，或順著一個方向移動，讓每個想說話的人發言。溝通圈也可以是**無順序的**，由學生確認下一位發言者（也許是靠著舉起的手或拇指的訊號）。你也可以使用指定的「思考小夥伴」（thinking buddies），讓幼兒輕鬆地知道，當進行輪流發言或小組討論時，跟自己一組的夥伴是誰。這個做法可以促進討論的過程，也可以鼓勵那些可能不想在全班面前分享想法的孩子。

有些老師可能會想要用圖表記錄下學生的想法，以強化說、寫、讀之間的連結。在這種情況下，可以讓孩子在地板上排排坐，好讓他們看得懂這個圖表，或是請他們坐在桌子前，會更容易看到圖表記錄的內容。

不管你使用的是哪一種座位配置方式，身為老師的目標，是要確保學生能夠進行**有效的溝通**。這個珍貴的生活技能，需要運用學習者的專注力、積極聆聽、扣緊主題、勇敢地舉手發言、說話讓人聽得清楚，並能聽懂說話者的發言。為了替這些技能搭建鷹架，莎拉使用了她在「回應式教室」（Responsive Classroom）培訓中所學到的互動模式策略。

你也可以使用諸如發言卡、發言棒或發言小物之類的策

略，幫助孩子學習等待、輪流發言，並練習積極地聆聽他人說話（Hollie, 2017）。請記住，幼兒需要大量機會來練習這些技能，所以剛開始會需要你經常提示，來幫助他們學習有效的溝通，特別是在學年剛開始時。當孩子表現不如預期，請不要感到太過氣餒，你花在練習討論上的時間和心力，對後續學習的推展絕對值回票價。

　　莎拉的專題始於一個關於閒置空間的討論。隨著這個專題的進行，班級經常在專題討論時間進行全體、小組或夥伴之間的談話，一起討論他們各自接觸不同樂器的經驗，分享自己計劃中的樂器設計構想，也談到想要學習製作木偶的提議。他們進行小組討論，也從中得到許多回饋與創意構想。因為孩子有這麼多討論的機會，能彼此交談、互相學習，使得他們培養出一種團體感。

　　學生在樂器行進行實地考察之後，莎拉和她的助教蘿花時間讓學生進行豐富地討論。莎拉以一個開放式的問題展開對話，目標是利用學生的共同經驗，練習說與聽的技巧，並同時鼓勵他們對專題的內容做出有意義的連結。請注意莎拉如何利用簡單的提示，為孩子提供一個結構，來反思他們的體驗、了解所發生的事情，並對內容建構起深度的理解。

莎　　拉：這趟旅行之中你們最喜歡的是哪一部分？
艾　　倫：練習室。

納　林：鼓。

吉賽爾：烏克麗麗和吉他。

安　娜：巴士。

山　姆：它不是巴士。

安　娜：它是巴士。

山　姆：它是一輛廂型巴士。

艾　登：鋼琴。

馬　可：我喜歡那個老師教我們使用樂器的時候。

莎　拉：那個老師是誰？是指蓋瑞或那位女士？

馬　可：那位女士。

艾希里：一起搭車……音樂劇和跟我的朋友一起搭車。

傑　琳：我最喜歡的是，我和爸爸還有艾琳娜坐在一起的時候。

瑞　秋：搖鈴。

莎　拉：我最喜歡的部分可能是，有很多人在那個有樂隊的大房間裡，有的人在打鼓，有的人在彈鋼琴，有的人在彈烏克麗麗。

山　姆：我也是！我也是！

莎　拉：而且我們班看起來就像是個樂隊在演奏。（轉向另外一名學生）你最喜歡的部分是什麼？這趟旅行有什麼是你喜歡的？

傑　登：我最喜歡的部分是非洲豎琴……嗯，非洲豎

琴，還有在外面玩。

潔思敏：我最喜歡的部分是……我們在巴士上。

伊　文：我們進到練習室。

席　德：我沒有最喜歡的部分。

莎　拉：你喜歡這趟旅行嗎？

席　德：是的。

蘿　拉：我最喜歡的部分也是大家全部都在練習室裡，而且一起演奏音樂的時候。

蘿　拉：（問另一名學生）泰，你喜歡我們的考察之旅嗎？你喜歡那些鼓嗎？（沒有反應）你打過鼓嗎？（沒有反應）迦勒，你喜歡我們的音樂之旅的哪個部分？

迦　勒：布萊德利（另一位學生的名字。意思是說他喜歡和布萊德利一起玩）。

茉　莉：我最喜歡的部分是尋寶遊戲。

莎　拉：約書亞，你最喜歡的部分是什麼？

約書亞：嗯……麥克。

莎　拉：麥克？喔……是麥克風！你唱了歌。

　　另一種方式是「總結圈」（Closing Circles），通常會設定在一個固定的時間，讓孩子分享新的學習，或是一天當中孩子最喜歡的時段，來進行簡短的回顧（Northeast Foundation for Children, 2012）。例如：運用「大拇指朝上」、「大拇指朝向一邊」、「大拇指朝下」，幫助孩子對自己的理解或體驗做反思。我們也可以運用「思考‧成對‧分享」（Think, Pair, Share）（Kagan & Kagan, 2009），讓學生在預定時間內進行對話，並幫助孩子跟夥伴一起反思。總之，在整個專題過程中進行定期的討論，提供充分的對話與反思的機會，能強化孩子表達和感受語言的技能。

策略2：印刷品豐富的環境

在第二章我們曾提到，「以學習者為中心」的教室是一間具有豐富印刷品的環境，在教室裡，牆上掛的、桌上貼的、教室牆面上標示的所有東西，都必須對孩子的學習有所助益。實施「專題式學習」的老師，會以可見的方式記錄並講述專題的進展。環繞在學生周遭的印刷品、要點圖、孩子的作品以及專題文件，都是目的性讀寫教學的一部分，能為學生建立深厚的讀寫連結，有助於學生在日常生活中發展和整合新的讀寫技能（Duke & Bennett-Armistead, 2003）。

請閱讀以下範例，並思考它們如何為學生打造一個擁有豐富印刷品的環境。

‧專題牆

專題牆可以當做一個特定空間，用來展示學生在專題單元上的學習狀況，例如專題行事曆、須知問題、圖像和學

生作品。專題牆能夠讓孩子定期與專題互動，並且幫助他們與學習建立連結。專題牆上所展示的圖像和學生作品，可以透過熟悉的語言幫助孩子回想重要的事件和討論，並且與家長、專家和其他訪客溝通專題的過程。

· 要點圖

要點圖可以做為記錄每日學習狀況的工具，同時也有助於學生跟團體分享自己的學習。要點圖上面記錄的是學習的重點，它可以是互動性的，並且應該要以能夠吸引孩子的方式做呈現，讓孩子在整個專題中，有需要就隨時過來閱讀。

要點圖是活的文件，在整個專題中，老師會經常駐足在此，例如在須知問題清單裡加上問題，或記錄下學生的構想或大家找到的答案。例如莎拉就是以「戶外教室」專題的構想和後續步驟創建起要點圖，她在上面寫下：「關於這些樂器，你們注意到什麼？」以及「我們應該如何感謝我們的來賓？」學生也使用他們的要點圖，來表示自己對於自由活動時間的計畫，以及對於班級的期望和規範的想法。也就是說，要點圖為學生提供一個進入創造意義、語言學習和探究問題的窗口，隨時引導著孩子的學習。

在「戶外教室」專題中，莎拉將大部分的全班討論記錄在紙上，以便孩子可以熟悉字母、聲音、單字和其他書寫形式的印刷品。她的要點圖通常包括圖片和標示，讓孩子可以將圖片與書面文本連結（Clay, 2013）。三不五時，當莎拉在

圖表上寫字時，孩子會驚呼：「嘿，我看到一個Ｃ！我的名字裡有那個字母。」或是：「那個字你寫了兩次！」

漸漸的，孩子會經常閱讀要點圖。例如：在讀寫角落參與「閱讀這個房間」期間，學生會帶著指讀棒在房間裡遊走，閱讀熟悉的要點圖、海報或學生作品。孩子也會閱讀日曆上的數字，或張貼在櫃子上或周遭印刷品上的同學姓名。隨著孩子經常地「閱讀」這些資訊，內容愈看愈熟悉，這使得他們的閱讀更像是在記住和辨認重要概念和想法，而不是真正的解碼。

在創建學生對話的要點圖時，一種有效的策略是，在每個孩子的評論旁寫下他們的名字。目的在於。第一，孩子喜歡看到他們的名字被用文字寫出來，因為這讓他們感覺到自我價值。此外，也可以當做是增加孩子參與和分享構想的誘因，同時鼓勵那些還在構思中的學生參與。寫下名字同時也能做為一種快速的評量方式，讓老師知道誰有參與討論，誰還沒有。最後，當孩子能夠辨認出要點圖上的名字單字時，也能讓他們在發展閱讀能力的過程中獲得自信。

· 互動寫作

互動寫作是另一種有效的工具，能讓幼兒在真實的情境中，練習辨別和組成字母與單字。在互動寫作課程中，老師會邀請一、兩位孩子參與創作，而其他學生則在他們各自的白板上，練習書寫某些字母或單字。老師可以根據學生的個

別需求來做調整，原則上鼓勵每個人以一種促進讀寫學習的方式參與。

　　當孩子在寫信感謝來班上分享的木偶師維克多（Victor）時，莎拉使用了互動寫作。在個別的發音和閱讀課程中，孩子一直在學習跟他們的名字相關的字首子音和發音，這是這些個別課程的一部分（Calkins,2018）。等到要寫出以這些字母為開頭的單字時，莎拉邀請幾位已經可以閱讀、並知道他名字所有的字母和發音的孩子上來寫。莎拉特意邀請孩子上來，寫下 "so much" 這幾個字（見圖5.2），因為她知道，這對孩子來說是一項挑戰。

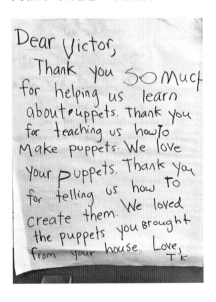

▲ 圖5.2　互動寫作範例：給來訪木偶師的感謝信

策略 3：專家來訪和實地考察

提供學生多元機會，讓他們在不同情境或目的下，與大人展開真實的對話，這樣的體驗也能促進孩子讀寫能力的發展，例如：增加字彙量、理解力，以及合作對話的技巧。當學生有機會提問、練習表達和使用慣用語句，以及透過參與實作活動（實物教學）等，這些做法都可以增強他們使用、詮釋和創造語言的聽說技能。在專題中，老師也要多提供與專題主題相關的真實對話機會，幫助學生參與合作對話、勇敢提問、描述和回憶口頭報告的資訊，以及表達想法（National Governors Association Center for Best Practices, Council of Chief State School Officers, 2010）。

‧ 訪談

在「戶外教室」專題中，孩子有很多機會與從事專業領域的大人進行對話。例如，一位木偶師來班上表演木偶戲，還教孩子如何製作和表演木偶（圖 5.3）。在專題進行的第一週，一位室內設計師來班上分享她的工作內容和設計過程，並向學生展示她使用的工具，包括捲尺、色票和「點子板」（Idea Boards）時，學生都仔細地豎耳傾聽。學生還邀請學校的副校長來班上，向他介紹對於戶外教室的設計構想，希望獲得學校的批准。還有一位大提琴手兼作曲家來班上，教學生樂器的「發聲」原理，並分享在音樂界的工作心得。學校的音樂老師則向學生大致介紹未來幾週會借給他們的樂器。

▲ 圖5.3　木偶師來訪

當孩子去樂器行參訪時，他們訪問了樂器行的經理與一位音樂老師。這些活動雖然看似與讀寫能力沒有直接相關，但事實上，它們都與讀寫能力密切相關。

・班書

在實地考察或專家到訪之後，立刻製作一本輕薄短小的班書，透過繪畫、寫作或口述的方式，按照順序敘述事件，有助於學生理解這次體驗的意義。為這些頁面創造出文本，往往會引發孩子新的好奇和問題，進而透過探究推進專題的進展。為班書撰寫內容、搭配插畫或為照片口述圖說，都是讀寫能力的實際運用，也是專題的統整表現。當孩子用寫作溝通他們的想法時，應鼓勵他們參考要點圖、字母表、單字

牆和專題牆。製作班書也可以視為是一種有形的反思模式，它可以成為專題最終作品集的一部分，並在學生慶祝學習成果時加以善用。

當莎拉發起製作一本關於戶外教室的班書，她邀請學生整理參訪樂器行時拍攝的照片，並依時間順序排列，然後全班一起回顧這個共享的體驗。在這個活動之後，莎拉請每位孩子口述一行文字，來搭配這其中的一、兩張照片。莎拉逐字記錄孩子的話，讓他們可以看到聽、說、讀、寫之間的連結。透過討論和觀看照片，他們一同回顧拜訪樂器行的體驗，大大提高了學生對於這本書的構想品質。你也可以選擇在兩、三天之內來完成類型像這種反思活動，以便有更多的時間產生高品質的回應（並且避免學生太過疲憊）。

這本由大家一同製作的班書，很快就變成班上同學的心愛寶貝，許多孩子日復一日地反覆閱讀。隨著時間一天天過去，有些孩子記住了裡頭的內容，有些人能認出一些單字，甚至有些孩子能獨立閱讀。對於他們在實地考察所學到的一切而言，這本書像是一個有形的提醒，讓學生從中看到自己和同學的回憶。有時你會意外地發現，即使在專題結束後，有些孩子依然反覆地閱讀這本書，無形中強化他們對於印刷品、字母順序、單字辨認、字彙和文法的概念。

策略4：大聲朗讀

大聲朗讀是任何豐富的讀寫計畫不可或缺的一部分。我們可以根據「專題式學習」單元的需要，選擇合適的知識類和文學類讀物，幫助學生理解可能出現在專題裡的新概念（也許是抽象的概念）。例如，當孩子學習關於樂器的知識時，莎拉朗讀了幾本繪本，包括：《大家來聽音樂會》（*Zin! Zin! Zin! the Violin*）（Moss, 1995）和《這位爵士樂手》（*This Jazz Man*）（Ehrhardt, 2015）等。為了了解製造樂器的不同材質，莎拉介紹一本知識類讀物《樂器》（*Musical Instruments*）（Doney, 1995）。這些書籍讓孩子認識到，閱讀具有多種用途，不只能讀到許多有趣的故事，還可以當做「教科書」來獲取知識，讓自己了解周遭世界。

大聲朗讀能幫助學生發展提問技巧，學習透過閱讀獲取資訊，將文本與生活體驗做連結。在朗讀的過程中，老師可以進行提問，並鼓勵學生根據他們聽到的文本和正在學習的內容來回答。對於7、8歲的學習者而言，知識類讀物尤其是特別有效的輔助工具，能幫助孩子了解如何連結或是擷取重要訊息。

當老師朗讀的目的在於促進理解、讀寫和字體等概念時，更有助於語言能力的發展。如果是為年幼的初學者示範讀寫技能，你可以使用與專題相關的大開本書籍，試著用帶有節奏感和表情的方式朗讀，將有助於培養學生口語表達的

流暢度。此外，朗讀是探究必備的要素之一，因為學習者在與文本互動時，會不斷地提出與專題相關的內容與問題，並重新審視與改善他們的提問。

透過朗讀來介紹或強化專題中所呈現的概念，也是很有幫助的。當莎拉知道孩子會為木偶劇場設計木偶，她每天都刻意選擇能體現出個性鮮明的人物、能引起孩子興趣的書籍來朗讀，例如：《了不起的妳》（*Amazing Grace*）（Hoffman, 2007）、《站得高高的，小茉莉》（*Stand Tall, Molly Lou Melon*）（Lovell, 2003）、《彼得的椅子》（*Peter's Chair*）（Keats, 1997），以及莫·威樂（Mo Willems）的《大象與小豬》（*Elephant and Piggie*）套書等，希望能激發孩子在自創木偶的設計靈感。

當她朗讀時，莎拉會對班級示範她的思考方式，大聲地說出她對主角的描述以及主角的特質，她也會請學生試著說出自己的看法，例如：故事中的主角會如何採取行動？他們的聲音聽起來如何？故事的轉捩點是什麼？在「專題式學習」單元的背景下，針對書籍的相關討論會與學生的學習串聯起來，揭示出另一個真正的目的：**將書中的人物連結到說故事、寫作中和木偶戲裡的人物。**

策略5：自由活動時間

根據馬耶茲（Mraz）、波切利（Porcelli）和泰勒（Tyler）

（2016），將「自由活動時間」又稱為「自由活動時間工作坊」（Choice Time Workshop），它是一種課堂結構，鼓勵學生盡情遊戲，並以各種方式參與學習，通常會運用象徵性思考與講述故事。當我們在專題的情境之下提供幼兒機會去探索，諸如積木、扮妝服飾，或書寫工具等素材，往往讓我們大感驚喜的是，學生們會引導自己的學習，與專題所需概念和技能之間建立更深刻的連結。正如我們在第四章所分享的，自由活動時間的開放性，為孩子提供空間和時間去探索團體中的許多概念，包括發展和分享故事、參與討論，以及潛入想像的世界。孩子喜歡在專題的情境中，對重要的讀寫概念擁有完整的自主權。

自由活動時間不一定非得要在所有的學業學習完成後才能進行。相反的，自由活動時間可以選在孩子最具專注力的時候進行，這樣更能從中受益，例如促進語言發展和社會互動，或是練習一項剛學會的技能（Dinnerstein, 2016）。自由活動時間提供一個豐富的結構，老師可以利用孩子玩遊戲以及參與跟學生的學習和生活有連結的各種體驗，促進與「專題式學習」單元相關的概念學習。

有許多教育資源都在提供老師建立自由活動時間的相關範例（Dinnerstein, 2016; Mraz, et al., 2016）。我們建議老師可以在教室或學習角落創造出一些區域，鼓勵學生遊戲和探索沒有特定結構的素材。學習角落中還可以放置與「專題式

學習」單元相關的具體物件。此外，我們還發現，運用一堂類似像工作坊性質的教學課程來建構自由活動時間，也能獲得很不錯的成效，進行方式是先由老師主導一段迷你課程或進行聚焦，然後展開一場討論，讓學生分享他們對學習的反思，並以此做為結尾（Calkins, 1994; Graves, 1994; Mraz et al., 2016）。**請記住，要盡可能地容許學生自我指導**。我們的職責是為讀寫能力的學習創造一個豐富的環境，而不是告訴孩子該做什麼，或該如何做。

在莎拉的教室裡，會定期地在她的日程安排中納入自由活動時間，提供學生四、五個學習角落的選擇。在她的自由活動時間角落中，放置了像是積木、顏料、自然素材（松果、石頭）、黏土、編織物和各種書寫工具（粉彩、蠟筆、奇異筆、簽字筆和不同大小的紙張）。至於「戶外教室」專題，莎拉特別放入扮家家的道具、積木建築、木偶和樂器，這樣學生就可以經常接觸和使用這些素材。

莎拉的孩子會利用自由活動時間來使用新木偶劇場。例如有個孩子想出一個點子，把來自「故事工作坊」（Story Workshop）（opalschool.org）的文字和插畫故事懸掛在木偶劇場上面。這樣一來，孩子在自由活動時間就可以透過這些故事，獲得一些靈感與演練。自由活動時間也可以讓孩子使用樂器創作背景音樂，做出一齣自創木偶戲。孩子會從中為自己的作品感到自豪，甚至會邀請其他人拉張椅子，坐下來欣

賞他們精心準備的大戲。

策略6：假想遊戲

假想遊戲（Imaginative play）是另一種幼兒讀寫課程的基本結構，同樣可以用在「專題式學習」單元。當孩子在積木區建造東西、在戲劇表演區玩扮家家遊戲或玩木偶，他們同時創造戲劇故事中幻想與真實的世界。孩子假想的遊戲故事包括人物、背景、情節、衝突和衝突的解決。透過遊戲，孩子會發展出抽象的思維與字彙，運用特定情境的語言，練習溝通、輪流和合作技能，而所有的這一切，都是在專題情境下，培養初步的讀寫能力以及發展新知識和新技能的關鍵元素。「當孩子在假想遊戲中創造假想的情境時，他們創造出並居住於這些『另類的』或『潛存的世界』。這類似於他們在聽故事時所做的事情，也類似於他們自己在閱讀或撰寫故事時會做的事情。」（McLane & McNamee, 1991, p. 3）

遊戲的體驗對於以英語做為第二語言的學生來說尤其重要，因為這些素材和道具有助於他們對故事的理解。我們在假想遊戲區提供給學生的專題相關素材，以及我們在自由活動時間之前不經意提到的構想，都會以非正式的方式引導學生，帶領他們以有意義的方式投入學習之中。

在作曲家來訪之後，孩子開始假裝自己是交響樂團的指揮和團員，他們盛裝打扮，扮演起表演者、音樂家、指揮

家和觀眾的角色。有些孩子表演在樂器行工作的樣子，就像他們拜訪過的那家商店。透過這些遊戲，孩子使用溝通技能和新的詞彙，例如：孩子演出買賣樂器的情形，使用諸如：「這要多少錢？這是用實木做的嗎？你會彈奏這個樂器嗎？」之類的語言。孩子還假裝舉辦音樂會，邀請其他人來觀賞，出售門票，並且引導觀眾入座。

孩子可以參與假想遊戲的另一種方式是透過「溝通角落」（Communication Centers），這個角落會邀請孩子以畫畫、寫作或各種不同的形式表達構想。在這個學習角落裡包括的素材有：顏料、紙張、雜誌、剪刀和各種書寫工具，這些東西能夠激發孩子探索字母、單字和其他手法表現的圖像素養。孩子可能會選擇互傳手寫的筆記，幫他們的積木建築製作標示或製作指標貼在牆上。不論學生選擇如何演出假想遊戲，大量正在發展中的讀寫技能都會被整合到專題裡。

策略7：書寫表達

「專題式學習」單元為孩子提供了效果良好的機會，去參與各種書寫語言的形式。對幼兒來說，正式「寫作」的第一步，是透過圖片和繪畫來表達他們的想法。孩子展現了各種表達能力，包括看圖寫作、「塗鴉」寫作，以及隨意納入的字母（Routman, 1994）。隨著他們練習看圖寫作，幼兒在寫作技巧和寫作手法上會發展出愈來愈好的能力（Serravallo,

2017）。此外，隨著孩子發展出更強的音素意識，並且置身於印刷品豐富的環境，他們會開始將類似字母的形狀與字母融入到他們的寫作當中，之後則會轉變成自創的拼字（invented spelling）。所有的這些經驗都有助於幼兒發展表達性的書寫語言。在整個「專題式學習」單元中，學生會沿著這一整個連續體一路學習，從繪畫到文字，一切都在探究的基礎之下，在有目的性的情境之中進行。

策略8：插畫

孩子從很小的時候開始，就能夠透過插畫來表現想法，即使是簡單的線條和歪七扭八的字跡，都有助於孩子溝通思維。在「專題式學習」中，老師可以利用孩子對繪畫的興趣，來吸引他們參與專題工作，特別是當他們被要求記錄下對於開放式問題、演講來賓，或其他專題相關提示的回答時。我們可以問孩子：「你想要問來賓什麼問題？你打算如何進行？我們的戶外教室需要什麼？」

老師也可以透過以下提示，為孩子的繪畫搭建鷹架（Serravallo, 2017），例如：

- 你想要畫的東西，是由哪些不同形狀組成的？
- 你可以想想那張照片的第一個部分，然後再想想看下一個部分嗎？

● 這些線條是直的，還是彎曲的？

● 你可以在腦海中創造出一部電影，來幫助你想像出要畫的東西嗎？

有了這類型的協助，大部分剛啟蒙的寫作者都能使用插畫，來解釋想法、表明問題，以及提供回饋給同儕。即使孩子還不能獨自畫畫，老師還是可以聆聽孩子的構想，然後提議孩子畫一張圖畫來呈現自己的想法，藉此鼓勵孩子用書寫做表達。非常重要的是，不管孩子在紙上畫了什麼，我們都要正向地鼓勵他們的嘗試，因為畫畫是邁向更正式寫作的途徑（Horn & Giacobbe, 2007）。我們鼓勵你在「專題式學習」單元中納入插畫的機會，做為點燃孩子對表達性語言和書寫溝通興趣的一種方式。

「戶外教室」專題為學生提供許多機會，讓他們透過插畫表達想法。例如：在班級進行腦力激盪，提出他們對這個空間最初的建議清單之後，老師鼓勵每位孩子都畫一張圖，畫出他們在戶外教室裡最渴望擁有的區域。在大家畫好之後，學生回到班級開會的地方，然後分享了他們的圖畫。有些人用他們的圖畫當做口語表達構想的輔助，所以每個孩子都能參與到對話中。在你查看學生作品的樣本時，請見表5.1，請注意孩子表達他們的想法時，所用到的不同方式。

表5.1 學生的寫作樣本

樣本1　這位學生使用各種線條類型來表達他的構想

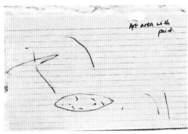

樣本2　藝術區與顏料

樣本3　抽屜、玩具和架上的積木

策略9：自創拼字或「大膽」拼字

隨著孩子接觸到更多的印刷品，參與拼字和單字學習的迷你課程，並且練習寫下他們的想法，他們會開始自然而然地在寫作中，納入近似正規的拼字，一般稱之為「創造性拼字」（Invented Spelling）（Bear, Invernizzi, Templeton, & Johnston, 2016; Gentry & Gillet, 1993; Lutz, 1986; Paul,1976）。

從孩子寫出歪七扭八的線條，到近似字母的書寫，再到創造性拼字以及最後的正規拼字，老師應該鼓勵他們每一次

的書寫嘗試，並提供個別化的協助。在這些過渡時刻，我們要求孩子做個**大膽的拼寫者**，把他們所知道關於字母、聲音和單字的一切，都寫到紙上。例如："Outdoor"（戶外）可能會被表達成 "awtr"，這是完全可以被接受的，因為**創造性拼字鼓勵學生勇於承擔錯誤，知道做為一名寫作者，想法比拼對字更重要**。如果孩子不斷地問大人：「該怎麼拼呢？」可能會太過執著於「把字拼對」，而不是有效地溝通和表達自己的想法。

在「專題式學習」中，老師可以創造出一些結構來支持獨立拼字的技能，例如在班級的單字牆上，放上一些跟「專題式學習」單元相關的字詞，或是給孩子的字典裡面，有一部分包含專題相關的基本詞彙。與這些年幼的書寫者交換意見時，老師可以提醒孩子注意那些寫作與拼字常見的混淆和錯誤之處，並且利用專題情境來教導處理這些需求的寫作課程。在「專題式學習」期間，有時候不會進行直接的讀寫教導（特別是拼字和單字學習），但是在專題寫作期間所蒐集的課程構想，可以用來充實當天其他部分的教學。最重要的目標在於，在教導寫作初學者基本技能與鼓勵他們自由地表達想法之間，找到一個最佳的平衡點。

策略 10：標示插畫

在孩子的插畫旁做文字標示是另一種常見的方式，有助

於孩子形成讀寫能力，並能很容易地融入「專題式學習」單元。在「戶外教室」專題中，當孩子用圖畫設計他們的樂器時，莎拉詢問他們關於樂器的問題，並用孩子所說的確切用字，在插畫中的各部分做標示。幾週後，孩子在設計木偶時，有些孩子可以自己做部分標示，比如在他們木偶上，加上名字開頭的子音，或是為其特徵加上標示，例如用字母 P 加在 "Piggie"（小豬）上。

至於感謝信、日記和以插畫繪製的活動回顧，也同樣有助於書寫語言的表達，也同樣可以被標示。這些素材都為孩子提供表達自我想法、溝通新的點子，以及分享自己理解的媒介。在孩子參與互動寫作課程，並共同製作班級的感謝信之後，每一位孩子都畫出個人的感謝信（使用圖像或文字），最後送給那位木偶師。

請想一想，在莎拉的教室裡，孩子透過繪畫和標示所學習到的讀寫技能和策略（表5.2），如何有別於單純靠老師產出的感謝信？如果讓孩子只是照抄黑板上的字，或描著信上老師預先寫好的字母，與讓孩子有機會自己產生構想，創造自己的感謝小語或感謝信，兩者對他們可能造成的潛在影響是什麼？

「專題式學習」為學生提供許多目的性讀寫的機會。透過各種課堂結構，在真實的專題情境之下，為剛啟蒙的讀者和寫作者創造意義創造、語言學習，以及以探究為基

表5.2　學生的寫作樣本

這張插畫的說明文字為：「謝謝你教我們如何製作木偶，還教我們如何配音。你給我們看了一段你如何配音的影片。我發覺到我喜歡做木偶。你教我們如何將木偶演得更好。我很喜歡。」

繪製插畫的學生只會說韓語。他指著自己的圖畫，告訴莎拉這張圖畫是木偶師（Victor）和他的女兒（Audrey）來訪時教室裡的樣子。請注意圖畫中，有學生頭頂上冒出對話框，說著：「哇」和「好酷」。這位學生經常在莫·威樂的《大象與小豬》套書裡看到這種表現方式，因此也將它運用在作品中。

礎的學習環境。在理想的情況下，本章所提到的各種結構，將會在專題的情境中被置入讀寫能力的教學，以促進孩子的讀寫能力繼續成長，幫助孩子說聽技能的發展。我們鼓勵你將讀寫能力的學習，視為專題中潛在的教學機會。

定期地進行目的性讀寫的學習有助於學生的成長進步，並為你提供多種機會，將學生的學習應用在未來的專題中。我們體認到某些讀寫技能可能需要額外的直接教導，這在「專題式學習」的實施上是絕對可行的。與此同時，「專題式學習」提供眾多的讀寫學習機會，能激勵學生表達構想、聆聽他人意見、提出問題、參與文本，能為最年幼的學習者的關鍵技能，提供適性發展的教導。

戰勝誤解

幼兒是啟蒙中的讀者和寫作者，正嘗試了解周遭世界的各種文字特徵。無論目前的你使用哪一種課堂結構，或打算採用本章建議並實踐在自己的教室裡，請記得一件事：一個讀寫豐富的環境，必須能激勵學生表達自己的構想、聆聽他人的意見、勇於提出問題，並與文本進行深入的互動。孩子必須知道他們的

意見很重要，而讀寫能力具有許多用途，不僅用於讀與寫，也會用在與他人溝通與討論。當孩子意識到，讀寫能力的意義與用途，就為他們提供了充分的理由，願意主動地投入到自己的讀寫能力發展之中。

我們經常聽到有人說，身為老師的我們必須要「給學生發言權」。但這是不夠準確的說法。我們不用給孩子發言權。每個孩子會有自己的聲音。我們的職責在於，創造一個能夠鼓勵孩子、幫助孩子讓自己的聲音被聽見的學習環境。

「專題式學習」能讓每個人的聲音都被聽見，它所憑藉的是提供學習者適齡與真實的學習機會，學習與發展關鍵的讀寫技能。我們極力推薦你善用本章介紹的結構，來幫助你的學生進行跨內容與跨領域的連結，這將使得所有與「為什麼」有關的探究，變得有意義且具真實感。

\06/
將SEL置入「專題式學習」
培養獨立和合作能力

 我的孩子還太黏人，我們無法一起工作。

　　許多幼教老師會懷疑學生是否有能力成功地參與「專題式學習」，因為他們正處於社會與情緒發展的早期階段，缺乏獨立工作及與他人合作的相關技能。的確，大部分剛入學的幼兒都是依賴型學習者（Hammond, 2014），他們來到這個被稱為「學校」的新環境中，在每個環節似乎都需要老師的悉心引導。即使到了國小低年級，有些孩子還是需要依靠一些策略，來幫助自己順利航行地在學習的航道中，特別是在適應新老師、新班級和新同學的時候。

　　許多老師曾和我們分享諸如此類的想法：「我的學生才剛開始上學。他們沒辦法獨立工作，也還不懂得與人合作。

孩子需要許多幫助來調整自己的注意力和情緒，特別是當他們面臨新的經驗和挑戰時。因此，想讓他們成功地彼此合作，似乎是一件吃力不討好的工作。幼兒怎麼可能參與任何專題呢？」

但是，幼兒最初的依賴性以及發展中的合作技能，不應該成為限制他們參與「專題式學習」的阻礙；事實上，正是基於這些挑戰，我們更應該運用「專題式學習」的學習環境，為學生提供真實的問題、情境和學習的機會，讓他們自然而然地練習基本社會與情緒技能，培養與他人合作與獨立工作的能力。

SEL 的架構

在過去幾十年裡，教育工作者開始體認到，學校不僅是一個學習課業內容的地方，還必須成為孩子學習關鍵的 **SEL 能力**的地方，包括：能獨立工作，以及能與他人合作的能力，簡而言之，就是促成學習者更強的獨立性與更有效合作的技能。瓊斯（Jones）和卡恩（Kahn）（2017）相信，「社會與情緒的發展是多面向的，是學習中不可或缺的一部分，攸關於學校如何教，以及學習如何發生。」（p. 5）他們認為學校在協助兒童發展這些關鍵技能上影響甚鉅，除了學校以外，家庭成員和更廣大的群體也扮演著支持孩子成長和發展

雖然所有學習經驗都會受益於支持性的SEL過程，但「專題式學習」能透過深入的課堂互動，更加強化「關注孩子社會與情緒需求」在教學中的重要性。（Baines, DeBarger, De Vivo, & Warner, 2017, p. 8）

的角色（Jones & Kahn, 2017）。

　　長久以來，在教室環境中納入SEL一直被視為教育的重點，不論是直接地實施一個相關的計畫或課程，或是間接地由老師和學校傳遞價值和信念。SEL能力也早已被整合進學前教育的課程中，並成為小學階段的課程重點之一，也許目前你手上已經有一個模型、架構或課程設計，能幫助你的學生隨著學業的學習，同時發展SEL能力。

　　有些學校還會規劃獨立的SEL課程，明確地教導學生這些技能，通常還附帶可供評量的SEL指標（Berman, Chaffee, & Sarmiento, 2018; Jones & Bouffard 2012; Jones et al., 2017）。有些學校則透過品格教育，或是衝突解決課程、反霸凌教育、服務學習，以及行為管理策略，來幫助學生發展SEL能力（Character Education Resource Center, 2013）。還有些學校開始將SEL與族群、平權和身分認同等議題做結合，因為他們認知到，必須在更廣泛的社會情境下進行SEL教育的重要性（Simmons, 2019）。儘管這些做法在目的和實施重點上有所不同，但它們都說明學生在學校裡進行SEL教育的重要性。

目前，學校在SEL如何融入課程的決策上，主要依循下列三者提出的架構，分別是：「學業、社會與情緒學習協會」（簡稱CASEL）（2012）、瓊斯和波法德（Jones & Bouffard，2012），以及佛瑞、費雪和史密斯（Frey, Fisher & Smith，2019）。這些架構有助於我們認識SEL希望培養的關鍵技能與氣質，並引導我們構思課堂上的教學。

CASEL的五大核心能力

第一種架構是由CASEL所提出，他們將SEL建立於五大核心能力之上，分別是：**自我覺察、社會覺察、自我管理、人際關係技巧、做負責任的決定**＊。

CASEL成立於1994年，致力於研究、調整、實施和開發資源以支持SEL教育。CASEL主張將SEL的技能學習，置於老師的教學策略、全校性的決策與實施，以及家庭和社區的夥伴關係之中。「CASEL能力指標輪」（CASEL's competency wheel）在全美國被廣泛地使用，為各州SEL發展指標、各區實施計畫，以及相關課程教材的重要參考依據。在CASEL的網站上，你可以找到這五項能力中每一項的定義。

＊ 詳情請參考 https://casel.org/core-competencies/

透過SEL的過程，學習者會學到並應用一系列社會、情緒、行為和品格技能，以獲致在學校、職場、人際關係和公民生活中的成功。（Jones et al., 2017 p. 12）

三大領域、十二項SEL能力

第二種架構是由瓊斯和波法德（2012）所提出，他們具體指出十二項對孩子的健全發展具有重大影響的SEL能力，並將其區分為「**認知調節**」、「**情緒處理**」，以及「**社會／人際關係技能**」三大領域。

後來，瓊斯等人發表一份開創性的報告，標題為：《從內到外探索SEL：深入了解二十五個領先的SEL課程》（*Navigating SEL From the Inside Out: Looking Inside & Across 25 Leading SEL Programs*），文中特別指出在SEL課程中教導「**心態**」和「**品格**」這兩項技能也非常重要。所謂「心態」，是指「兒童對自己、他人，以及自身處境的態度和信念」；「品格」則是指「受到文化影響個人的技能、價值和習慣」，它引導著孩子的認知和行動，並促成「個人發揮最大的潛能」（Jones et al., 2017,pp. 17–18）。

五大類別、三十三種SEL能力

第三種架構是由佛瑞等人（2019）提出，他們借重剛才提到的CASEL以及瓊斯和波法德（2012）的研究，歸納出五大類別（見表6.1）、共三十三種SEL的技能，包括：自我效

表6.1　SEL架構概述

	CASEL（2012）	瓊斯和波法德（2012）	佛瑞、費雪和史密斯（2019）
關鍵技能和氣質	·自我覺察 ·社會覺察 ·自我管理 ·人際關係技能 ·做負責任的決定 ·決策	·認知技能 ·情緒技能 ·人際互動技能 ——————— 瓊斯等人（2017）增添的技能： ·心態 ·品格	33種技能歸在以下五類： ·認同感與行動力 ·情緒調節 ·認知調節 ·社交技能 ·公益精神

能、成長心態、情緒辨識、覺察並解決問題、分享、團隊合作、尊重他人等（Frey et al., 2019）。

　　佛瑞等人在《所有的學習都是社會與情緒的學習：幫助學生培養教室內外的基本技能》（*All Learning Is Social and Emotional: Helping Students Develop Essential Skills for the Classroom and Beyond*）一書中，闡明每項技能的範圍並提供諸多策略，以便老師將SEL教學整合到日常的學業學習之中。佛瑞等人（2019）也鼓勵老師「充分利用學業學習所展現的眾多機會，形成一種統整的SEL教學法」（p. 14）。

> **SEL具有極大的潛力，為青年的行動力、公民參與，以及最終的社會變革創造出良好條件。**（Simmons, 2019, p. 2）

「專題式學習」情境下的SEL

「專題式學習」是教導學生SEL能力的一種理想方式，因為它為學習者提供機會，將這些技能整合到真實的學習情境當中（Baines, DeBarger, De Vivo, & Warner, 2017）。特別是當孩子開始確立其獨立性，試著為自己做決定，並且想要主動地提議學習活動時，老師更應該在原有的課堂時間中給予機會，來觀察並發展他們在SEL能力的成長。

我們常聽到這句話：「當孩子透過實際做出決定，才能學會做出好的決定」（Kohn, 2010）；同樣的道理，唯有當孩子真正開始獨立工作與思考時，他們才能夠學會如何獨立工作與思考；當孩子有大量機會與他人合作，他們更能夠學會與他人合作。如同課程統整的概念，在「專題式學習」中置入SEL的教導，不僅具體可行，更能讓學生看到學習背後的目的（Jones & Bouffard, 2012）。

回到本章開頭提到的，許多幼教老師認為幼兒缺乏獨立性與合作能力，因此不適合參與「專題式學習」。或許很重要的是，我們要先了解什麼是**獨立的學習者**以及**有效地合作**，因為這兩項能力能幫助我們在專題情境中架構與理解SEL。雖然在乍看之下，「獨立」和「合作」似乎處在

光譜的兩端，但它們實際上是重疊的。

　　舉例來說，孩子自我調節情緒或處理壓力的能力，跟他能否與人合作的能力有關。在和團隊一同工作時，孩子需要同時為自己、為團隊設定清楚的目標來展現獨立性。就如同孩子在學習新的學業內容，或面臨具有挑戰性的問題時，他們可能需要辨識並管理自己的情緒。學生也會在開會期間或專題工作期間，練習自我覺察的技能，例如辨識自己的感覺。當孩子**練習**對他人抱持同理心，並且**體驗**何謂理解他人的觀點時，他們也學會如何因應與同儕的社會衝突。

　　重要的是，我們要能釐清每項能力，以確保我們對於獨立與合作的共識，探索兩者的重疊／連結之處，以思考它們可以如何置入「專題式學習」的單元之中。在本章中，我們將提供一個詳盡的例子，說明如何能夠將SEL的能力置入幼

反思與連結

　　當你考慮如何將「獨立」與「合作」置入「專題式學習」時，請想一想：

- 「獨立」與「合作」目前在你的課堂上扮演著什麼樣的角色？
- 在幫助孩子發展SEL能力來引導獨立和合作能力上，你覺得有哪些挑戰？

兒「專題式學習」的每個階段。我們還會分享莎拉如何計畫將SEL整合到「戶外教室」專題中，並在例子中認識她的三位學生。透過這些故事和例子，你會看見孩子如何在專題情境中發展社會與情緒技能。

成為一位「獨立的學習者」意味著什麼？

建構主義的第四項原則「鼓勵自主學習」，強調學生要成為獨立的學習者。為了了解「專題式學習」如何為此創造出條件，我們首先必須釐清就SEL能力來說，在「以學習者為中心」的教室情境下，「獨立」看起來應該是什麼樣子。

根據哈蒙德（Hammond）（2014）的說法，為了讓學生獨立學習，必須提供持續不斷的機會，讓學生利用特定策略，勇於接受新的挑戰，然後在沒有鷹架輔助的情況下，嘗試新的事物，並運用各種技能，來度過讓他們感到挑戰的時刻。獨立的學習者還必須有行動力和強烈的認同感（Frey et al., 2019）。我們則依據過去經驗，歸納出獨立的學習者必須具備四項關鍵能力：**自我調節、自我效能、毅力**和**自我管理**。雖然幼兒才剛開始展開上學的體驗，但仍然有許多事情是**他們可以獨立作業或學習獨立作業**，而SEL能力將扮演著關鍵的角色，協助幼兒獨立性的成長。

能力1：自我調節

　　孩子早在2歲左右，當意識到他們可以控制自己的行為時，就開始發展出自我調節技能（Kopp, 1982）。隨著他們逐漸成長與發展，孩子慢慢地學會遵循社會規範來調節自己的情緒。初次上學的經驗或是進入新班級必須適應新的同儕團體，更為他們創造一種新的動態。不過，儘管孩子已經開始發展自我調節的策略，他們仍然需要額外的支持結構，來幫忙他們適應新的環境。幼兒除了需要學習社會和情緒上的自我調節，也需要認知學習上的自我調節技能。例如，當培養專注力、忽略不必要的干擾，運用工作記憶以遵循多個步驟的指導時。

能力2：自我效能

　　自我效能，就是指打從孩子上學開始，對於自己能力的一種相信。他們具有自信心，知道不必總是被動地仰賴他人提供資訊，而是可以成為更主動的學習者，可以自己提出問題，利用策略和方法去尋找答案、解決問題，並且自信地分享自己的想法。這同時意味著，孩子必須有機會來承受適度的認知負荷（Hammond, 2014）。他們需要在老師的引導下，經歷有意義的困難，以獲得學習成果。因此，老師在為學生安排學習體驗以經歷有意義的困難前，需要先思考在活動前、活動期間或討論期間，是否需要為學生搭建鷹架

> **幼兒教育最重要的工作之一，就是幫助學生成為獨立的學習者。**（Hammond, 2014, p. 13）

（Barlow et al., 2018）。這也意味著，老師必須知道在何時該拆除鷹架。

對幼教老師來說，這可能會讓人覺得有違直覺。我們都習慣為幼兒「**代勞**」（doing for），但實際上，我們能為年幼學習者提供的最好協助，就是提供他們從依賴走向獨立的機會，讓他們發展自我效能，以便能夠為自己「**效勞**」（do for）。當孩子參與適性發展的學習體驗時，會學習建立秩序、發揮長才，逐漸習慣在長時間下集中注意力，並從學習中獲得勝任感，進而培養出自信心（Dorer, 2018）。我們希望所有的學生都能明白，他們擁有做選擇的工具，並能培養出做出正確選擇的自信心（Maddux & Kleiman, 2016）。

能力3：毅力

毅力，指的是能堅持不懈地執行一項任務，即使任務對自己來說是陌生的、具有挑戰性的，或甚至可能是讓自己感到興趣缺缺的。為了培養毅力，幼兒需要明白挫折、錯誤與冒險，都是學習過程中的一部分。柯列（Collet）（2017）強調，我們必須為孩子創造出一種學習文化，在這種文化中，問題被視為是成長的機會，孩子能從中培養復原力，並超越

最初被他們視為是「失敗」的東西。此外，為孩子提供具體的方法來克服挫折和沮喪，也是重要的，這樣孩子就不會在沒有立即獲得（感受到）成功時過度心灰意冷。孩子需要大量解決問題的機會，並在一段時間的摸索與學習中，一步步建立起毅力。

能力 4：自我管理

　　自我管理包含三個互相關聯的要素：時間與任務管理、對工作和行動負起自主權和責任，以及設定可實現的目標。要學會自我管理，孩子必須有機會體驗時間和任務管理，這對於年幼的學習者來說，往往會感到挑戰。雖然如此，即使我們提供了明顯的鷹架，幫助他們發展管理時間和任務的認知工具，但最終目標還是在學生準備好時，逐步將責任交給他們。在孩子制訂工作時間計畫時，我們可以確保他們的原始計畫在分配的時間內看起來可行，或在整個工作期間給予提醒，以幫助學生掌控進度，學習自我管理。

　　孩子也需要學會做出負責任的決定。同樣地，這個過程也要靠老師提供鷹架的輔助才會成功。我們可以將學習過程分成幾個大區塊，幫助學生看到這項工作是可以完成的，而不需要一口氣把它做完。建立反思的機會也有助於學生重視目標設定和自我評量。我們還可以利用各種工具，例如評分表和日誌，來設定和重新審視短期目標，幫助孩子練習做決

定、自我管理，以及在時限下完成任務。

「獨立性」在「專題式學習」中意味著什麼？

在「專題式學習」中，孩子透過以團體為基礎的方式「培養負責任的決策技能」（Simmons, 2019, p. 2），「專題式學習」的本質就是在鼓勵孩子成為獨立的學習者。在老師扮演促進者的情況下，學生藉由提出問題、發現答案和公開展示他們的成果，推動專題向前發展。這些機會賦予孩子力量，培養關鍵的 SEL 能力，有助於孩子成長為更加獨立的學習者。為了更進一步釐清這些想法，讓我們觀察一個典型的專題所經歷的四階段路徑（Boss, Larmer, & Mergendoller, 2012），並且凸顯出在幼兒教室裡培養**獨立性**的機會。

1. 啟動專題（入門活動）
關鍵的 SEL 能力和氣質：自我效能、自我覺察、自我調節

當學生了解驅動問題後，會開始形成引導學習過程的問題。他們的疑問以及尋求問題的答案，是讓幼兒變得更加獨立的重要元素，因為他們開始意識到自己想知道什麼。幼兒經常會表現出好奇心和疑惑，即使他們還沒有辦法具體表達

出來，但只要大人願意花時間觀察，就會明白他們的好奇心無所不在。老師可以幫助學生了解提問的恰當情境、教導不同的疑問詞，以及幫助學生分辨問題和評論之間的差異，藉此訓練學生提出有意義的問題。

2. 建立知識、理解力和技能來回答驅動問題

關鍵的 SEL 能力和氣質：問題解決、毅力、自我管理

一旦確認驅動問題，學生就要開始利用各種資源尋求問題的答案。不論是找到答案、解決策略或問題解決的替代方案，都會為學生帶來成就感，伴隨著獨立學習而來的還包括自我效能、自信，以及更大的安全感。一旦孩子的信心被激發了，便逐漸不需要像從前那樣持續地尋求別人的認可，例如每隔幾分鐘就要詢問：「這樣做對嗎？」他們會持續展現出愈來愈多獨立思考和學習的表現。你會發現，當學生們一同投入專題時，教室中的討論聲熱鬧滾滾地「嗡嗡」作響，呈現出忙得不可開交的景象，這不僅反映出他們的獨立性，也因為和同儕一起合作、解決問題，讓孩子同時發現，他能夠貢獻自己的想法來造福整個團體。

3. 發展和評論成果以及驅動問題的答案

關鍵的 SEL 能力和氣質：自我覺察、成長心態、情緒調節、紓解壓力

　　隨著孩子發展他們的專題，他們必須有機會反思他們的工作，並且期待做出改變。想達成這個目標需要的不只是靠成長心態，還需要孩子管理面對挫折的情緒和衝動，並適當地紓解壓力。學生要能善用自我調節和毅力，在需要時尋求協助，並在老師的協助下，有意識地設定新的和有意義的學習目標，監測自己如何學習的過程，以及學習了什麼。即使學生起初沒有達到目標，他們也會在一個容許他們冒險的空間裡學習新事物。這種冒險往往發生在孩子感到有足夠的支持時，便會開始樹立他們的獨立性，並自行發起活動。當孩子能夠給予和接受彼此的回饋，並針對工作需要改進之處進行討論時，他們也是在練習獨立。

4. 展示成果以及回答驅動問題

關鍵的 SEL 能力和氣質：自我調節、毅力、自我效能

　　當學生在整個專題過程感覺到備受鼓舞，展示學生的作品和所學到的新東西就會變得水到渠成。孩子會自信地表達他們學到了什麼，以及他們是如何學會的。他們經常渴望向

他人展示自己的作品和構想，而且很樂於決定如何與教室外的人分享他們的學習成果。公開成果往往在更大的社區環境中進行，透過這樣的分享，即使是年幼的孩子也能展現出領導力或是公民責任感。在分享公開成果的過程中，所有的孩子都可以發揮他們的優勢，並且在需要時利用鷹架和協助，在面對挑戰時展現自信和復原力。

當我們與學生討論各種分享作品的構想時，很重要的是考量到所有學習者的需求。為了幫助所有的學習者在專題的這個階段感受到成功和獨立，也許需要搭建特定的鷹架，並考慮進行某些探索活動。請謹記在心：所有的公開成果不一定要「公開展示」，而且每個學生能夠獨立公開分享什麼以及如何分享，都會不一樣。我們將會在第八章深入探討公開成果。

「協作」在「專題式學習」中意味著什麼？

> 要成為一位擅長協作的人……需要運用認知、情緒與社會層面的技能。試著透過他人的眼睛來看世界，為知識結構建立正確的心智模式，這是一種高層次的認知能力，並在與對方對話的過程中持續更新。
> （Claxton, Costa, & Kallick, 2016, p. 63）

建構主義第二項原則：「提供社會協商與責任分擔的機會，讓它們成為學習的一部分。」指出教導學生協作的重要性。正如克拉克斯頓（Claxton）等人（2016）提到的，「有效的協作者」是指在學習以及與同儕合作上，能夠駕馭認知、情緒和社會各個面向。從認知層面來看「協作」，內容包括注意細節、目標設定，以及為團體或夥伴擬訂計畫等。從情緒層面來看「協作」，會幫助孩子自我覺察、自我調節（控制衝動、壓力管理）、毅力和自我效能。從社會層面來看「協作」，涉及利社會技能（prosocial skills），例如：分享、輪流、同理心、溝通，以及發展和維持關係。

然而，**協同的**（collaboratively）**工作不應該與合作的**（cooperatively）**工作混為一談。**「**合作**意味著一起努力達成共同的目標。在合作的活動中，個人會尋求對自己有益，也對其他團體成員有益的結果」（Johnson, Johnson, & Holubec, 1994, p. 1）。然而，當學生與他人**協作**時，團隊會朝向一個共同的目標或情境，透過每個人貢獻自身知識、創造力和構想才能夠成功。「要做到這點，一種方式是透過嚴謹的專題，要求學生找出問題，並透過研究、討論、辯論和時間來發展構想，找出一致同意的解決方案，然後大家一起提議」。（Burns, 2016, para. 5）

真正的協作，是指「尊重並強調團體中個別成員的能力和貢獻。團隊成員之間共享權力，並且承擔起團體行動的責

任」（Panitz, 1999, p. 4）。在協作學習的情況下，學生有責任貢獻自己的想法，同時真誠地聆聽他人，直到他們從共同匯集的知識中汲取靈感，共同建構出一個成果（Love, Dietrich, Fitzgerald, & Gordon, 2014）。

如同史坦納格（Steineke）（2017）指出的，成功的協作需要學生同時發展人際互動和個人技能。這意味著學生必須學會管理自己的思維、感覺和情緒（個人技能），並同時駕馭好做為團隊或群體中一份子的社會情境（人際互動）。由於協作涉及許多動態的組成要件，因此教導學生協作所需具備的技能，顯得相當重要（Burns, 2016）。

此外，也要視待解決問題的複雜性或待回答的疑問多少，決定團體中的學生數量（Steineke, 2017），如果一項任務複雜到需要多名學生貢獻想法與提出解決策略，要留意小組人數多少，成員太多，會導致成員分心；成員太少，則會讓有意義的對話難以進行。總之，協作牽涉到學生大量的認知能力和問題解決技能，經由協作，幫助學生從他人的觀點看待事情，會對孩子未來的社會與情緒發展產生正面的影響。

啟動「專題式學習」中的協作學習

眾所周知，「專題式學習」能為幼兒持續提供機會，發展和推動自己的學習。「專題式學習」也要求學生在專題工

作期間，以尊重的態度與同儕進行溝通和合作。而經由協作的體驗，孩子將學會從他人的觀點或從另類的眼光來思考，同時培養專注力和同理心，孩子不僅能從中發展領導技能，有時候，學生也必須學會退一步，接受他人的領導。

接下來，我們將介紹專題進行的四個階段中，孩子需要培養的技能，這些技能在專題所有階段中都有可能發生。請容我們再一次強調，在「專題式學習」每個階段中都最為需要的，就是與**協作**相關的 SEL 能力和氣質。

1. 啟動專題（入門活動）

關鍵的 SEL 能力和氣質：溝通、輪流、尊重他人

在啟動專題時，孩子通常會參與一個引起動機的入門活動，並從中激發出一些問題。接著孩子們會以團體合作的形式，共同建立出一張須知問題清單，來引導專題的進行。過程中，他們必須進行有效地溝通，以決定哪些問題最重要，以及哪些需要優先討論。即使不同意他人意見，孩子仍然必須表現對他人的尊重。對於年幼的孩子來說，這個過程通常會在老師的協助下進行，學習運用問題形成技巧、閱讀和分析非小說（RAN）圖表時的規範和策略，學習將問題排定優先順序，然後決定要跟全體分享哪些問題。此外，訂定團隊契約、使用任務日誌，或共同的計畫文件，有助於學生與團

隊裡的其他成員建立關係，並即時處理發生的問題。我們建議你進一步查看「專題式學習」網站*的契約和日誌樣本來尋找靈感，或將其直接應用在你的教室裡。

2. 建立知識、理解力和技能來回答驅動問題
關鍵的 SEL 能力和氣質：問題解決、分享、團隊合作、建立人際關係

理想上，在建立知識階段的情境下，孩子有許多與他人協作的機會，但這些機會必須有意識地計劃和搭建鷹架，以在專題任務中發揮最大效果。學生必須被教導如何在團隊中與同儕合力工作。有時，學生會與同一群隊友在專題中一同工作；有時，隊友會隨著時間、課程或專題階段而有所改變。

在「專題式學習」中，學生經常會與專題特定研究領域的專家、學習社群中的其他大人或各式各樣的來賓合作，因此，不論是對於專題工作或自身的人際關係，孩子都能從中學習辨認問題和解決問題。當孩子在學習情境中被期待要分擔工作並參與團隊合作時，會加強他們與同儕之間的關係，學習如何化解社會衝突。與同儕一起探索新的學習，提供孩子同理他人，並欣賞不同觀點的學習環境。

---

* 請見 pblworks.org

3. 發展和評論成果以及驅動問題的答案

關鍵的 SEL 能力和氣質：同理心、領導力、利社會技能、領導力

　　當孩子與他人一同創作公開成果，他們會學習分享構想和承擔責任，並開始從更大的整體來看待自己。他們會體認到，其他人正仰賴著自己，因而感覺到更有動力維護團隊規範，來滿足團體的期望。在一個支持每個人嘗試新事物的環境中，大家一同創造一個公開成果，能大大地發揮孩子的天賦和能力。孩子會體認到自己的長處並善加利用，與此同時，還能透過觀察他人以及團隊工作的機會，勉勵自己精益求精。此外，將自己視為「專家」，能創造出正向的工作環境，並激發出對他人以及正在創造中的作品的敬意。當學生能夠公平地承擔各種專題責任，意味著他已經做好準備，去分享並反思整個專題的過程和內容。

　　在協作的體驗中，學生也在學習回饋與評論。我們需要教導孩子如何提供同儕有效的回饋，這是「專題式學習」中很重要的元素。在第七章中，我們會針對這點進行更多的介紹。一旦學生收到他人的回饋意見，接下來就是如何針對這些建議做調整了，對於協作而言是很重要的學習。評論式對話有助於學生懂得尊重他人想法，並練習同理心。團隊最後會彙整從老師、同儕和領域專家的回饋與評論來設定新的目

標，並決定團隊成果應該做出哪些調整和變更。

對於年幼的學習者來說，有意識地納入協作時所需要的社會互動技能課程，顯得尤其重要。例如，如何在討論期間集中注意力，或是透過回應式教室的技巧，學習「反映感受」（mirror feelings）。方法是在某個孩子發言後，小組成員看著孩子的臉，然後由某個孩子自願說出：「你看起來感覺＿＿＿＿＿。」總之，在專題的情境下分工合作，有助於學生培養基本的領導技能，例如：有效溝通、衝突協商，以及尊重他人。

4. 展示成果以及回答驅動問題
關鍵的 SEL 能力和氣質：領導力、服務學習、溝通

在決定如何在最終的慶祝活動或展示中分享他們的學習成果時，也需要運用到合作。學生們必須學習以禮相待，不論是傾聽他人發言、回答觀眾問題，以及妥善地分享他們在專題期間所學到的東西。所有這些經驗都鼓勵學生彼此溝通，並根據觀眾的反應，調整自己使用的語言和風格。

將 SEL 置入「專題式學習」

透過「專題式學習」教導學生社會與情緒技能是一種理

想的方式，能夠同時培養學生的獨立性和合作性。正如我們之前看到的，有很多機會可以將這些技能整合到你的專題之中。就像學業技能和知識的統整一樣，我們非常鼓勵你設計和實施能同時培養孩子獨立和合作技能的專題。你可以在專題開始之前，先選出一些特定的SEL能力，然後讓其他的技能自然浮現，這會是比較好的做法，可以讓你應對當下的挑

快速策略

如何幫助學生自我評量協作能力，並反思改進之道？我們建議不妨善用「評分表」這項好工具。不過，與其使用一張上面列出每種SEL能力的通用評分表，不如建立一個最適用於你的教學與班級的評分表，以確認學生是否如你所期待的，將各項SEL能力展現在專題學習的過程中。

你可以制訂一個多行的評分表，將協作能力的各個元素寫在表格中。另一種方法是將協作的基本要素納入一個更大的專題評分表。由於不同的專題階段需要用到不同的能力，你也許可以和你的班級一起建立這個評分表，並隨著專題的展開，在其中增添新的元素。此外，事先向學生展示評分表、檢查清單或評估工具，不僅能示範你期望的SEL能力，建立起評分表中的用語，也能幫助學生了解正在學習的內容。

戰，並進一步幫助孩子社會與情緒的發展。

表6.2為你提供一個範例，說明莎拉如何有意識地在「戶外教室」專題中置入SEL，特別是在**獨立**與**合作**這兩個方面。此外，回顧本章開頭所介紹的三個架構也可能會有所幫助，因為它們可以當做很好的參考點，來決定我們想要培養哪些SEL能力。

當你從頭到尾讀完表6.2，請反思一下，這個「專題式學習」單元中的學習體驗，如何真正幫助學生發展他們的SEL能力？以什麼方式進行SEL的教學，可能以自然而然的方式與預期的結果不謀而合？如果你願意，請花點時間思考並記錄你打算如何在自己的專題中，計劃置入SEL機會的想法。

專題的內容、過程和SEL能力之間是一個巧妙的平衡，因此在計劃過程中提到兩、三項潛在的SEL能力，可能會有所幫助，這樣一來，一旦專題啟動，你就會有一些選擇。

當你開始設計和實施專題時，請考慮把「專題式學習」當做是幫助**所有**幼兒社會與情緒發展的有效方式。老師不應該假設幼兒在沒有支持、引導和教導之下，就懂得如何駕馭所有錯綜複雜的SEL能力和氣質（Millis, 2014）。

請思考老師的角色是為_____（請填入你想要幫助學生學習的SEL能力）創造條件，審慎地考慮小組的成員和規模，並在適時幫助小組建立起對互動的期望，並且隨時監測工作時間（Dillenbourg, 1999）。

表6.2　在「戶外教室」專題中置入SEL

「專題式學習」體驗	SEL能力	
學生設計原創的樂器	·計劃 ·成長心態	·做決策 ·壓力管理

樂器初始的設計和草稿
·專題計畫：建立關於調整的明確原則
·給予事先提醒，並為何時可以再度展開工作制訂計畫
·針對匙間管理，或稍晚制訂完成某事的計畫進行角色扮演
·教導「成長心態」的概念
·利用朗讀做為討論的開始

最終3D模型
·模擬決定材料的過程（「大聲思考」）
·將專題成果和材料，放在學生可自由參觀的「安全空間」
·為正在進行中的專題拍照，以確定如果發生意外可以重建成品

「專題式學習」體驗	SEL能力	
學生在吉他中心進行實地體驗	·團隊合作 ·人際關係建立	尊重他人 ·溝通

尋寶遊戲
·與合作夥伴分享構想／提供回饋
·角色扮演的是針對不同的意見表達，而不是針對人
·角色扮演如何輪流使用素材（剪貼版、鉛筆、畫線工具等）
·練習使用「我訊息」來支持團隊合作與人際關係的建立

「專題式學習」體驗	SEL能力	
學生計劃戶外教室的布置	·自我管理 ·組織能力	·專注力 ·問題解決

個人的教室布置計畫和點子板
·模擬腦力激盪和進行選擇
·模擬組織空間的布局和構想
全體的布置
·在班級評估每個人的點子板時，引導學生進行大聲思考
·使用句型詞幹（例如：我不同意是因為……）來協助達成共識

在你計劃專題時，你會企圖嘗試並專注在多種SEL能力，而且的確會涉及許多技能。我們鼓勵你深入了解學生成功參與專題所需要的技能，並將它們分成三類：

1.學生已經擅長的技能。
2.稍加指導，學生就能發揮的技能。
3.學生需要更多機會學習、練習才能運用的技能。

運用學生已經駕輕就熟的技能，並考慮你可以借助哪些技能，幫助你辨識出將某個SEL能力引進你的專題之中。

專案中的個案觀察

當莎拉開始計畫「戶外教室」專題時，就充分意識到許多學生可能面臨的挑戰。然而，她沒有讓這些挑戰主宰或限制她的專題，反而將其視為**所有學生在SEL的機會**。她相信將SEL置入「專題式學習」，可以為她的TK教室創造並激發出最佳學習潛力的空間。

從開學的第一天起，莎拉就刻意營造一個「以學習者為中心」的環境，她希望能夠鼓勵孩子感到安全和歸屬感。她想建立一種教室文化，讓孩子不需要在進門時檢核自己的情緒，而是協助孩子去認識和察覺自己的情緒，進而發展出正

向的自我意識和緊密的人際關係。莎拉將學生的情緒與社會發展列為優先事項，並透過刻意安排的課程與當下的回應來整合學習機會。

例如：莎拉會善用晨會和總結圈時間（Januszka & Vincent, 2012），透過定期的討論來建立群體感和歸屬感。她會教導學生善用「我訊息」，來解決與同儕之間的衝突，例如：教導孩子使用這個句型：「當你＿＿＿＿＿，我感覺＿＿＿＿＿。」並且給對方一個回應的機會，不論是道歉，或是：「下一次我會＿＿＿＿＿。」透過這些教導學生管理情緒和解決衝突的課程，幫助學生變得更加獨立。

接下來，讓我們進入教室裡，遇見莎拉的三位學生。透過他們的故事，一窺教室中的幼兒生活經驗，並了解這個專題是如何提升與支持孩子的SEL能力，同時感受孩子從中獲得的成功與喜悅。

米洛

米洛在進到莎拉的TK教室前，從來沒有上過學前班或托兒所。他是一個好奇、頑皮的小男孩，喜歡畫畫和寫字母。他對字母表十分著迷，尤其喜歡獨自細心地畫著每一個字母。他是一位認真的學習者，經常分享他對事物的觀察和聯想。至於情緒發展方面，則還處在萌芽階段。他經常難以辨識、表達與調節自己的情緒，所以當他感到挫折或焦慮

時，往往會用發脾氣的方式表現出來。這種情況也經常發生在學習時段的轉換時，例如當讀寫時間結束了，老師請大家把圖畫畫完，然後排隊下課，這時米洛經常會大哭，整個人摔倒在地毯上尖叫：「什麼？為什麼？我還沒有做完！」

顯然米洛需要學習辨識和管理自己的情緒。隨著莎拉更加了解米洛，她開始設想他的需求。當學習時段即將做轉換時，莎拉會悄悄地走向米洛，給他一個沙漏計時器，並告訴他：「時間還剩五分鐘。」莎拉也會教導他運用這個問句：「可以給我更多時間嗎？」做為溝通自己需求的策略。莎拉會與米洛進行角色扮演，以便下次在轉換時段**之前**，學會利用這個策略。

米洛經常對自己的作品表現出「定型心態」。如果他創作時犯了一個小小的錯誤，便會激烈地把紙揉成一團，用力扔進垃圾桶裡，大叫：「我不會做這個！」他不知道該怎麼用語言來表達情緒，只能透過握緊的拳頭和眼淚將自己的情緒具體化。當這些強烈的情緒占據心頭，他需要仰賴一個大人幫助他，讓他知道該怎麼辦，如果沒有即時得到幫助，就無法繼續學習。

其實不只是米洛，許多孩子對於犯錯，也常有類似的挫折感。莎拉經常借重學生的想法，來討論面對失敗的心態。例如許多孩子會分享畫錯時的因應策略，例如：把它劃掉、把它變成別的東西，以及把紙翻面重新開始，莎拉則把他們

的建議做成圖表。下一次，當米洛又表達出挫折感，她會給他看這個圖表，並且問他想選擇哪種策略。

　　如果你有類似米洛這樣的學生，你會怎麼做呢？或是當孩子有其他的社會與情緒困難，該怎麼辦？一位老師可能會看著米洛，心裡想著：「米洛還不夠獨立，沒辦法進行費時好幾天的專題。他沒辦法說停就停，並重新開始工作。當事情沒有照他的方式進行，結果不如他所預期，他就會變得過於沮喪。我沒有時間在他每次因犯錯而大發脾氣時幫助他。我無法跟他一起做專題。」這些情況會使得「專題式學習」看來令人卻步。

　　然而，如果我們不認為「像米洛這樣的孩子做不到這件事」，而是把「專題式學習」當做一種理想的方式，來幫助像米洛這樣的孩子發展 SEL 能力呢？如果，我們在計畫專題時，就跟我們在計畫學習內容的方式一樣，我們會設想學生的需求來建立學習經驗，讓學生有機會練習 SEL 能力、獲得回饋，並有更多時間練習，直到他們獲得培養這些技能與氣質的工具，結果將會如何？

　　「戶外教室」專題中的樂器設計過程，就是一個幫助年幼的學習者發展獨立性的絕佳範例。經過幾次真實的學習體驗，像是樂器設計，米洛變得更有能力在具有挑戰性的情境下，表達和管理他的情緒。在專題進行的幾天時間裡，他必須想像出一個樂器，決定如何使用並繪製它，然後接受大家

對它的回饋意見並修改它。米洛需要在大力協助下，才能「安然無事」的離開一個未完成的作品，或知道它不會在第一次就做到盡善盡美。

莎拉先拍下米洛「正在進行中的作品」來幫助他，並且事先向他介紹材料，所以他可以在著手製作真正的樂器之前，先試試這些材料，像是硬紙板、電線和塑膠。可是，當這些材料不聽他使喚時，米洛會感到很沮喪。莎拉則輔導米洛辨識出他的感覺，鼓勵他使用正在學習的SEL能力。當米洛學著利用成長心態來調整和優化他的作品時，莎拉會在一旁大力支持他。

對於像米洛這樣的孩子來說，參與專題意味著學習面對挫折。當他被要求進行專題好幾天時，或是當收到回饋意見時，或是在嘗試一種不太聽他使喚的新材料時，他都需要獲得必要的工具來挺過挫折。孩子從中會領悟到，犯錯不是失敗的標誌，而是能真正幫助他獲得心智成長和學習新技能的挑戰（Deak, 2010）。最後，米洛很在乎他原創的樂器，希望它可以如實完成，所以他更願意克服過程中出現的挑戰，他也因此學會變得更加獨立。

伊文

伊文是班上最小的孩子，到十一月底才滿5歲。他很難控制自己的怒氣，當感到挫折時，經常會對其他孩子又抓又

打，或對他們大吼大叫。當衝突發生時，莎拉和她的助教蘿拉會和伊文談論他的行為，檢視伊文可以做出哪些不同的選擇，並透過角色扮演的方式讓伊文練習。

伊文知道自己傷害到別人，也知道自己要做出改變，可是每當下次衝突再起時，他就又「忘記」了，無法採用有效的策略來解決他和同儕的衝突。於是，許多孩子開始不跟他一起玩，這讓伊文感到難過和被孤立。

莎拉每周有兩個單獨的、每次約二十分鐘的 SEL 時段，她會在這個時段裡進行班級討論與角色扮演，以明確教導各種促進學生的 SEL 能力。例如，當孩子感到生氣或挫折時，與其打人或咬人，不如使用各種「冷靜工具」（UCLA Lab School, 2002）來幫忙，像是「告退的雙腳」（Exit Feet），是指走去跟老師求救，或是「停止標誌」（Stop Sign），表示用堅定的聲音說：「請停止」。孩子也練習使用「我訊息」，先辨識感覺，再想一想是什麼情境會讓他們產生某種特定的感覺，例如：當別人直呼他們的名字時，他們會感到生氣，或是當爸媽在學校跟他們說再見時，他們會感到難過。然後，讓他們在想像的社會衝突裡，練習使用「我訊息」進行角色扮演。

儘管老師們費盡心思，伊文仍需要在老師的幫助下，才能逐漸成為教室團體裡能為別人著想的一員。因此，莎拉在設計和計畫「戶外教室」專題時，會把伊文的需求納入考

量。她會想方設法整合學習體驗，以便培養學生人際互動的技能，例如：了解社會線索、運用問題解決策略以及社會技能，來化解衝突、學習傾聽與溝通、了解所謂「好朋友」的定義等等。這些經歷都幫助伊文和其他學生，在陌生的新環境中，學習如何建立人際關係和他人合作。

在整個專題中，莎拉知道目標是讓學生參與全體、小組和合作夥伴的活動，這代表莎拉需要刻意地尋找和提供機會，讓學生練習有效溝通。莎拉要求學生練習用心聆聽，這意味著要他們學習用全身聆聽，包括：耳朵、眼睛、安靜的聲音、靜止的身體，以及開放的心。全班每天複習這些「聆聽守則」，並且在參與各種討論的情境之前再複習一遍（Committee for Children, 2011; Provisor, 2009）。

莎拉會確保強化正向的行為，並且在必要時提醒或重新引導學生。她還要學生參與「輪流交談」（turn and talk），在這種對話中，學生需要輪流傾聽對方，然後分享對方所說的話。莎拉會先請孩子向某位夥伴描述自己的構想，然後分享他們的夥伴在一開始的腦力激盪中，曾分享過對於戶外教室的想法。透過這種方式，讓學生學會與他人互動，並尊重同儕的想法（Panitz, 1999）。

在「戶外教室」專題期間，莎拉也計畫讓她的學生在各種不同的情境中進行合作，例如：教室的布置提案、各種素材的分享，以及家庭慶祝活動的計畫做出決定。在吉他中心

實地考察期間，小組需要一起完成尋寶遊戲。在學生製作完成樂器和木偶之後，邀請孩子給予夥伴意見和接受回饋意見。

　　為了讓學生能成功地與夥伴合作，莎拉知道她必須創造機會，讓學生練習以尊重的方式溝通、聆聽他人的觀點，並建立正向的學習環境。舉例來說，在班級共同決定出戶外教室平面圖之前，莎拉要孩子先仔細想一想，萬一他們不同意某個人的構想時，該怎麼辦？並請孩子進行角色扮演，實際表達如何以尊重的方式表達不同意，當我們不喜歡或不同意別人的說法或想法時，可以怎麼說。

　　當孩子將列印好的照片放到他們的點子板時，他們也必須瀏覽板上分享的素材。在進入點子板活動之前，莎拉模擬一個狀況：如果兩名學生同時伸手去拿同一張照片時，會發生什麼事？這兩個人會不會有同樣的想法？他們會如何處理？如何用靈活的變通方式處理？這些問題都指引著「專題式學習」課程中可能發生的狀況，為學生提供有效的語言和策略，學習獨自解決衝突。

　　這類型的問題解決練習為所有的孩子，特別是伊文，提供可以遷移至教室之外的實用工具。在專題情境中練習人際互動技能之後，伊文終於能夠使用他新學會的語言，無論在操場上、在午餐時間，以及在教室遇到挑戰時，試著表達出自己的不同意見。他也透過與夥伴和小組合作，建立正向的關係。很快地，其他的孩子將他視為是可以一起合作的夥

伴，而且也開始跟他一起玩了。透過專題情境下，教導孩子關於尊重與為他人著想的課程，以及透過創造有意義的機會，幫助孩子與人互動，莎拉營造出一個具有安全感的結構化教室環境，這些都對伊文的全面發展產生正面的影響。

克莉絲汀

克莉絲汀在開始上TK前，已經在學前班進出好幾年了。她的母親經常因為出差，託外婆照顧她，也因此，克莉絲汀行為與情緒的變化，經常取決於她的照顧者是誰。她的母親這麼形容克莉絲汀：她非常需要一對一的關注，無法獨自遊戲。莎拉回顧克莉絲汀開始上學時，在適應新環境上顯得困難，她會不斷詢問老師：「為什麼這個時候要打掃？為什麼這個時候要去上美術或音樂課？……我只想要玩！」

當全班聚在一起時，克莉絲汀經常會被教室裡的物品和材料吸引而分心。當面對需要全神貫注的任務時，她經常會脫口而出：「我覺得很無聊」、「我想回家」或「我餓了」。即使坐著聆聽朗讀，對她也是一種挑戰，因為每當要開始聽故事或展開一堂迷你課程時，克莉絲汀就會表示她想上廁所。雖然如此，克莉絲汀似乎仍奮力地想要適應學校環境。

為了幫助克莉絲汀獨力進行專題，莎拉決定將「戶外教室」專題拆解成較容易做到的小區塊，目標是幫助學生先掌握好各個部分，像是整個教室的設計和平面圖、木偶劇場、

音樂區、壁畫，以及慶祝活動的計畫，最後完成整個專題。以這種方式參與專題，能幫助克莉絲汀一次完成一小部分工作，而不會一下子想太遠，最終能夠退一步看清全局。她開始能夠學習一次做出一個有意識的決定，並在老師的協助下，管理好自己的時間和任務。

當專題的第一項任務是腦力激盪出戶外教室區域的可能清單，儘管克莉絲汀無法提出建議，還是聆聽其他人的想法。下一項工作區塊是為點子板選出自己喜歡的模樣。克莉絲汀從一堆照片中（不同的點心餐桌風格、木偶劇場、樂器牆）選出她喜歡的幾張，並將它們黏在她的點子板上。下一步，她要「繪製」出該區域，並考慮哪個區域要放在哪裡。這種類型的工作對克莉絲汀來說相當陌生，但是她能夠在若干指導下做到，同時能自豪地分享她心目中的戶外教室計畫。

隨著專題的持續進行，克莉絲汀有更多機會做出決定和計畫。她可以構思簡單的步驟，例如她想讓木偶成為什麼樣的人物、木偶劇場包含哪些形狀，或是如何幫積木貼上標示。所有這些經歷都幫助她成為一名更獨立的學習者，因為她已經能夠運用策略，幫助自己管理時間和完成任務。

在表6.3中，我們列出在專題的情境下，莎拉的學生所培養出來的關鍵SEL能力。也許你還能從上面的故事中，自行辨識出其他的技能。希望你已經開始注意到，SEL能力之間有相當多重疊之處，然而它們都指向獨立與合作。很重要

的是，要確定在獨立和合作的範圍內，你希望包含在專題中的學習能力，這樣就可以幫助你辨識出相關的子技能。如果你願意，可以好好複習一下SEL核心能力，並從中挑出一、兩項你認為學生能從練習之中受益的技能。

表6.3　三名學生一覽表

米洛	伊文	克莉絲汀
· 情緒調節	· 同理心	· 認知調節
· 毅力	· 溝通	· 專注力
· 壓力管理	· 人際互動技能	· 做決定
· 自我覺察	· 建立人際關係	· 計劃
· 成長心態		· 問題解決

戰勝誤解

　　社會與情緒能力的發展，是讓我們得以從幼兒長大成人的必要過程。年幼的學習者仍處於社會與情緒發展的初始階段，但是他們有限的社會技能不應該被視為是參與「專題式學習」的阻礙。如果我們希望孩子發展並鍛鍊基本的社會與情緒技能，以便能夠變得更加獨立與合作，我們就必須為他們納入刻意安排的機會，讓他們在學校的日常生活中練習這些技能。「專題式學習」是達成這個目標最有效的方法之一，因為專題能夠讓學生在真實的情境中駕馭這些技能。透過「專題式學習」所創造的學習體驗，社會與情緒能力的學習與孩子將更為息息相關，也更容易理解，進而賦予孩子無論是在校內或校外，在工作與人際關係中必要的技能。

\07/

反思、回饋與調整

在學習過程中扮演主動的角色

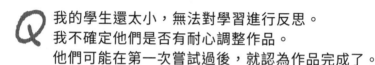

Q 我的學生還太小，無法對學習進行反思。
我不確定他們是否有耐心調整作品。
他們可能在第一次嘗試過後，就認為作品完成了。

在幼兒的學習過程中，需要三個基本能力：反思、回饋和調整。許多幼教老師心中有一個假設，認為兒童缺乏對自己的思考過程進行思考的能力（後設認知），所以無法反思或調整自己的作品。有些老師也認為孩子沒有耐心坐下來反思，或是向同儕提供回饋意見。有些人則假設，即使孩子**願意**嘗試調整，但那些回饋意見會打擊孩子的幼小心靈，或是扼殺他們珍貴的創造力。

另一種常見的狀況是，老師嘗試將反思、回饋和調整三項能力納入課程設計中，但往往只會運用在「完成」學習時，或只是將其當做一種總結的方式。老師雖然也希望

將這些做法融入學習過程中，但不確定如何用在幼兒身上，或是用在專題情境裡。

在整個「專題式學習」過程中，有各式各樣的機會，可以利用適性發展的方式，讓孩子進行反思、回饋與調整。身為教師的我們必須騰出時間，讓孩子練習這三種能力，鼓勵孩子發展新的技能，幫助他們變得更獨立、更懂得自主學習。

建構知識、分擔學習的責任與掌握學習的自主權，這三個建構主義的原則提醒我們，學習必須被視為一個過程。具體地說，這是一個學生參與體驗、反思體驗、辨識從體驗中學到什麼，並試著把所學用出來的過程（Kolb, 2015）。教育學者大衛・庫柏（Kolb）的「體驗式學習模式」（具體經驗、反思、概念抽象化、具體應用）為老師提供多個切入點，讓學生參與知識的建構，並獲取自己的學習自主權。當老師為學生置入源源不絕的機會，讓他們對自己的思考過程和經驗進行反思、給予和接受回饋，以及調整他們的作品，學生就會被吸引到學習的過程之中。因此，對幼兒實施「專題式學習」時，我們要有意識地計劃反思、回饋和調整，這些元素對整個學習過程而言相當重要。

剛開始，你看似是浪費了教導知識內容的時間，但就如哈蒙德（2014）所建議的，我們應當將教導學生反思、回饋和調整，視為是教學時間內該教的內容，因為它們是培養獨立和承擔責任的重要工具。哈蒙德寫道：「請經常撥出時間

進行反思和分析。請確保這些時間如同它神聖不可侵犯。不要把時間花在那些經常占用課堂的瞎忙作業上。」（p. 101）

反思與連結

請想一想，你當前進行反思、回饋與調整的做法：
- 你有多常鼓勵學生去思考如何學習，或他們需要學什麼才能成功？
- 你的孩子如何分擔學習過程的責任？

當然，我們還是必須顧及學習所需要花費的時間。但是，請務必將學習視為一個長期目標，一個處在學習循環中起起伏伏的過程，這將有助於幼兒珍惜參與及反思的機會，並且能夠創造出一種重視在學習過程中多方嘗試的班級文化。請幫助學生從「一次搞定」的心態，轉變成鼓勵他們全心投入後設認知的學習體驗中，這不僅能激發學生的學習動力，也能促進學生在不同情境中轉換策略的能力（Hall & Simeral, 2015; Larkin, 2010）。學習如何制訂計畫並貫徹執行，能夠在鼓勵學生投入學習過程的同時，也教會他們自我調節、獲取獨立的能力、體驗到如何做決定和解決問題，並提升他們口語能力的發展（Hohmann, Weikart, & Epstein, 1995）。課堂教師必須全心投入幫助他們的孩子培養出這些

技能，因為**學習是關乎知識的建構，而不僅僅在於知識的獲取**（Applefield, Huber, & Moallem, 2000）。

「專題式學習」會以自然而然的方式，提供孩子許多機會來建構知識。它強調學習是一個過程，而幼兒在其中可以擔負起主動的學習者角色。當「反思、回饋、調整」三項技能互相關聯被運用於整個專題時，可以幫助學生對內容發展出重要的概念性理解、技能和氣質，讓他們可以分工合作、參與探究、執行研究、測試構想和理論、進行推論、調整作品，以及創造成果。

圖7.1是以視覺化圖表描繪出這些基本元素在「專題式學習」過程中的關係。三個建構主義的原則（知識建構、分擔學習的責任、掌握學習自主權）源自於「反思、回饋、調整」這三項「專題式學習」的關鍵能力，這些原則不僅培養孩子重要的技能、策略和氣質，更會將學習遷移至教室外更廣泛的情境做應用。

那麼，老師如何有意識地為學生安排體驗，讓他們在這個學習過程中扮演主動的角色？有許多方法可以讓學生參與反思、給予和接受回饋，以及調整的過程，例如：目的性教導、提供引導的機會、輔以鷹架的學習體驗，以及心態的示範等，都可以幫助幼兒學習後設認知技能，引導他們對自己的學習進行思考（Driscoll, 2005）。通常這些做法是專供老師做教學上的思考，但我們相信同樣適用在幼兒的學習，幫助他們：

‧使用反思練習來思考自己的思考過程和學習。

‧對自己的行為舉止、作品，以及對同儕的作品進行評論與調整。

‧參與制訂學習目標，監測和觀察自己的進步。

▲ 圖7.1　透過反思、回饋、調整，幫助學習者成長

在本章中，我們將檢視各種幫助學生意識到自己擁有更大的學習自主權、分擔更多的責任的教學策略。而透過莎拉「戶外教室」專題案例的分享，可以發現反思、回饋和調整三種能力的關聯性，以及有意識地將其納入「專題式學習」單元，可以如何建立知識內容，培養諸多社會與情緒能力，並增進學生的後設認知。

在幼兒「專題式學習」中的反思

> 當促進孩子進行反思時，不僅要鼓勵他們檢視自己做了什麼，更要幫助他們覺察自己在這個過程中學到了什麼？哪個地方是有趣的？感覺到什麼？以及，他們可以做些什麼來累積或拓展這個經驗。反思可以鞏固知識，而知識可以幫助我們運用到其他情境中，做出進一步的預測與評估。當計劃、反思與主動學習整合在一起成為持續的循環，將帶動孩子進入更深入的思考和更完善的應用。（Epstein, 2003, p. 2）

在以建構主義為原則的學習環境中，學生會不斷參與多元的學習體驗，在此同時，老師有意識地為學生安排停頓與反思的機會，顯得非常重要。因為如果缺乏駐足反思的體驗，學生將無法意識到自己與學習內容和學習方式之間，具

有哪些深層的意義和連結。透過老師在課堂上用心引導的反
思過程，孩子將從中學到：

- 發展出對某個主題的認識。
- 分析的能力。
- 尋求問題的解決方案。
- 創造意義。
- 彈性思考。
- 決定下一步。
- 分析狀況。
- 考慮多元觀點。
- 評估。
- 尋求改變和進一步的思考。

　　正是透過反思，學生才能絞盡腦汁，來深化理解力、知
識和技能，並將所學遷移到新的情境中（Kolb, 2015）。當
學生理解了情況、考慮了他們的假設，並透過思考偵測到不
確定性時，便能為自己帶來真正的學習（Carr, 2011; Zelazo,
2015）。當學生懂得如何反思，並運用反思練習的語言，將
有助於陳述自己的想法，並且更能理解他人的觀點。總之，
「專題式學習」為教導幼兒進行反思提供一個絕佳的情境，以
及許多幫助學生做決定的機會。

老師的角色是要透過搭建鷹架，以適性發展的練習方式，引導學生開發出自我反思的工具。例如，我們可以仔細思考問問題的類型，幫助孩子培養後設認知的技能，像是相對於封閉式、澄清式的問題，開放式、探索式的問題比較能幫助孩子獲得對其思維、感覺和構想進行反思練習的機會。

　　你怎麼知道你問的問題類型會啟發反思？一個好的經驗法則是，如果你已經知道問題的答案，那麼它很可能就不是一個反思性問題；而那些老師已經知道答案的問題，則主要與回想或確認事實的記憶有關。我們的目標在於，多加善用鼓勵學生思考的開放式問題，因為反思是「透過分析來記憶」（Epstein, 2003, p. 2）。

　　請看看下面這個例子。請注意兩組問題（用不同字體做標示）的區別。相對於其他可以用簡單的「對或錯」來回答的問題，標示為粗體字的問題，更加需要學生發揮思考、注意、連結和分析等能力。

> **當你演奏這個樂器時，你有什麼感覺？**
>
> 這個樂器的聲音是響亮還是柔和的？
>
> **這個樂器有沒有讓你想起什麼？**
>
> 這個樂器是用什麼做的？
>
> **你認為是什麼讓這個樂器發出這樣的聲音？**
>
> 這個樂器的名稱是什麼？

為了讓學生經由反思來學習，他們必須先了解目前在反思的是什麼，以及在整個學習過程中如何適時進行反思。因此，老師應該考慮將反思納入學習過程的目的是什麼。老師可以反問自己，學生要反思的是內容、過程、成果、個人目標、團隊目標或預期結果。對於學生來說，帶著目的和目標、花點時間進行反思，是思考學習內容的最佳方式。反思也會引導學生的批判性思考，並鼓勵學生將思考運用在日常生活以及更廣泛的情境之中（Peltier, Hay, & Drago, 2005）。反思如同任何技能一樣，會漸漸熟能生巧。在學習過程中的不同點，使用各種方式，並增加使用的頻率，將能正向發展和提升反思的效能。為了幫助你在專題中有意識地納入反思的機會，我們揀選出關鍵的反思練習、慣例以及實施技巧，以促進「專題式學習」中的學習（見表7.1）。

表7.1　在「專題式學習」中使用反思練習的機會

練習與慣例	實施技巧
在參與實地考察之前 回到須知清單，確認即將進行的實地考察可能會問的問題。視情況需要，再合作激發出更多問題。	在全班面前列出問題，或示範你在腦海中如何為這次拜訪產出一張須知問題清單。在拜訪前，透過角色扮演練習提問。 帶上這張圖表做為參考，並詢問孩子他們是否記得他們的問題。如果不記得，請複習一下，或詢問他們是否想用這張圖表當做輔助。

練習與慣例	實施技巧
在實地考察或其他學習體驗期間 提供反思表單給學生，讓他們畫下自己的觀察，或寫下／口述他們想問大人的問題。	建立一張待尋事項或物品的清單（使用圖片或符號），就像設計尋寶遊戲一樣。為了避免這部分成為整個行程的焦點，或造成太多限制，可以指定反思表單的某部分做「其他的觀察和問題」。
請孩子用 iPads、Chromebooks 或拍立得相機拍下照片。把照片列印出來，讓孩子為這些照片口述圖說，並製成一本書或圖表。	特別是對於那些喜歡書寫的孩子，應該個別鼓勵他們盡量這麼做。
在專家到訪這個班級之後 請孩子畫張圖、寫幾句話，或標示出他們所學、所見或所感，來反思這次的訪問。	在讓孩子個別反思之前，先帶班級對這次訪問進行反思，並用這次行程的真實照片或素描，繪製潛在的構想。然後幫助孩子選擇從一個面向來進行個別的反思。
在實地考察或教室學習體驗之後 利用來自實地考察的照片，讓學生參與「看、想、好奇」這類的思考過程*。利用孩子的想法，有意識地計劃接下來的課程。	將反思體驗分散在一天中，或兩、三天中的三個不同時段。例如：在晨會期間繪製一張「我們在這趟旅程中**看到什麼？**」的圖表。第二天在這張圖表加上「我們對於所看到的有什麼**想法？**」隔天或當天稍晚，再加上「我們還對什麼感到**好奇？**」
在專題期間 經常讓孩子每天或每週寫日誌，記錄下對於專題的想法或感覺。	日誌可以依照反思的目標，預先設定成特定的格式，例如：某一格寫日期、某一格用來畫畫，某一格用來標示或書寫。

練習與慣例	實施技巧
在專題中的各個時間點 善用夥伴交談。在老師指導下，讓孩子與同儕交談，回答某個問題或提示。例如：「你在製作樂器時，覺得最具挑戰性的是哪一部分？」	幫助有特殊需求或是還在學英語的孩子。你可以把兩個說同一種母語的孩子搭配在一起，並建議他們用母語一起反思；也可以帶進一位可以說這種語言的老師，或在上課前提前熱身／預先教導談話的提示或技巧。
在團體對話期間 提出開放式的問題，讓學生進行全體、小組或夥伴間的討論。對於個別的反思提供思考提示。	舉例來說：「關於X，最具挑戰性的是什麼？你是如何克服這個挑戰的？」「你的樂器3D模型，跟你第一次設計時畫的樣子一樣嗎？有什麼不同？為什麼你要改變它？」或者乾脆問：「你可以介紹你的樂器設計嗎？你使用那些形狀？」
進一步說明並詮釋孩子在團體對話和學習中說了什麼和做了什麼（Epstein, 2003）。 畫出孩子在談話期間所說的話和構想。在整個專題過程中參考這些構想。	使用一個關於學習過程的反思性問題，亦即某位學習者如何在課堂上協助另一位學習者，以便學生可以學習思考他人的學習過程（McDowell, 2017）。此外，可以考慮使用句子開頭或討論架構來幫助對話的展開或保持聚焦。
一整天 挑出上學日期間非專題的時間，讓學生反思他們的想法、理解、行動和學習過程。	在晨會（「這個週末你最喜歡的部分是什麼？」）或總結圈（「這一天讓你感到最費力的是哪一部分？」）期間，或休息或午餐後（「當我們排隊往外頭去的時候，什麼做得很好？」），邀請學生反思。

練習與慣例	實施技巧
不時利用形成性評量策略，像是大拇指朝上／大拇指朝向一邊／大拇指朝下，讓孩子反思他們的理解和行動。例如：「當我們依照約定，像一個團隊那樣分工合作時，我們班的表現如何？」	取決於你在觀察什麼，當學生回應時，與孩子討論他們下次可以做些什麼來改進，或是提出一個後續問題，做更進一步的反思。
在課堂上，針對你希望孩子培養的關鍵技能和氣質進行反思。	以學習成長心態為例，可以透過對話，讓學生反思生活中已經展現出成長心態的某個領域。與學生一起預覽任務，讓他們為挑戰做好準備。這可以為學生奠定成功的基礎，幫助他們了解自己擁有解決問題的工具，並反思挑戰與解決方案。
非結構化的自由活動時間 當孩子投入在自由活動時間或其他非結構化的工作時段，請進行觀察並大聲說出你看到孩子在做什麼或玩什麼。你可以加上一些描述性用詞具體說明孩子的行動（特別是針對不善於言詞的孩子）。在自由活動時間之後，讓學生參與反思會議，鼓勵他們有意識地尋找方法，來表達自己的評論。之後，請延伸他們的思維，納入反思和分析。	與其記下孩子分享的每一個字，倒不如記下他們的「大構想」（big ideas）。例如：在「戶外教室」專題的「工作時間」，孩子正在搭建積木。到了打掃時間，莎拉觀察到孩子把積木放到不同的架子上，並試著要整理它們，但沒有成功。在班級的反思會議上，她問：「要如何讓我們的積木保持整齊？」她希望學生會注意到玩具的不同形狀，並提出為不同積木製作特定貨架位置的建議。結果孩子不只做到這些，他們還一同為這些積木取名字（根據它們獨特的特徵），並為貨架貼上標示。

---

* 請參考 http://www.pz.harvard.edu/thinking-routines

在幼兒「專題式學習」中的回饋

在傳統的教室裡，老師會在某個專題完成後給出回饋，通常用字母等第的形式來打分數，以表明學生學習專題的成功程度。然而在「專題式學習」中，使用回饋的目的在於為學生帶來反思與調整，以加深學習效果、促進學習進步。

經由反思，學生會在學習過程中扮演主動的角色，為自己的學習承擔責任。回饋在學習過程中肩負著不可或缺的作用，因為它能讓孩子採取具體、可行的步驟來進行改善（Wiggins, 1993）。「專題式學習」是讓孩子學習回饋的理想方式，因為學生持續地在設計和創造公開成果，這些成果都可以透過回饋加以改進。

幼教老師可能會認為年幼的孩子還無法提出有效的回饋，因為他們沒有批判性思考的技能，無法對他人作品進行分析和改進的建議。有些人則擔心幼兒承受不起他人給予的回饋，因為孩子還太過「脆弱」，無力調整他們的作品。但是，只要透過老師明確的示範和指導回饋的程序，並給予他們充足的練習機會，**幼兒是能夠給予並且接受回饋的**。如果我們希望幼兒能從檢討作品中獲得進步與改變，就必須給予他們機會，學習接受並分析回饋。

具體且有系統地營造出適合回饋的教室環境，可以讓回饋發揮最大效果。在使用回饋工具之前，從學年一開始就要

改善學生表現和建立獨立性最快的方法之一，就是提供學習者有用、可付諸行動的回饋（Hammond, 2014, p. 101）。

為回饋程序建立班規，或是重新審視共同建立的教室規範，有助於創造並維持一個具有安全感的環境，讓孩子可以自在地置身其中，以接受及給予回饋。此外，在教室創造一個區域，讓學生可以聚在一起給予或接受回饋，也是一個很好的做法，在這個區域裡，可以運用圖片提示或其他具有視覺效果的圖表，是很好的輔助工具。練習提問以引導學生分析他們的作品，是一種模擬如何參與回饋對話的好方法。安排學生使用夥伴會議或蘇格拉底式研討會（Socratic seminars），可以賦予孩子權力，激勵他們對他人做出貢獻。

營造一個踴躍回饋的教室，並且鼓勵孩子持續遵守回饋的規範，會讓孩子視自己為一名學習者，同時也是一名老師；這種做法會建立他們的自尊、自信與自我效能，發展出行動力，也提升他們的學習品質。如果幼兒知道自己有責任幫助同儕進行專題，並且必須對作品內容提供回饋，那麼他就必須深入地理解學習的目標。如此一來，學習會變得更有意義，並且與每個人息息相關，這相對於由老師寫下學習目標，並將每日的學習目標張貼在黑板上，兩者大不相同。

當孩子參與合作式的回饋過程時，他們通常對學習更有動力、也更加投入，因為他們明白，他們是和同儕一起學習

的。所以，教導學生提供有效的回饋，可以提升他們對學習的專注力與對人的尊重，並且能具備抱持多種觀點的能力，表現出對同儕與學習過程的敬意。

> 透過為對話設定界限，禮節維護了聲音的公平性。禮節通常會規定參與者在什麼時間點發言和聆聽，以及時間有多長。它們明確地在說與聽之間，在描述與判斷之間，在提議與給予回饋之間，做出了至關重要的區別。在這個過程中，它們讓我們注意到這些在學習中的角色與價值，並且讓我們的學習步驟可見和可複製。（McDonald, Mohr, Dichter, and McDonald, 2003, p. 5）

為了讓學生學習給予回饋和接受回饋，我們可以利用禮節公約來設定回饋規則，幫助學生知道要將注意力放在哪裡，同時讓團體的對話能順利地進行。關於如何協助孩子提出回饋意見，你可以透過「全國學校改革學院」（National School Reform Faculty）、「學校再造倡議」（School Reform Initiative）、「遠征式學習教育」（EL Education）、「讓思考看得見」（Making Thinking Visible）等組織，尋找回饋禮節和策略的靈感與方法。

我們在此推薦兩種促進孩子學習尊重的方法，一個是

「兩顆星星和一個願望」（Two Stars and a Wish），另一個是「我喜歡_____，我想知道_____」，兩者都可以透過口語進行（針對剛啟蒙的讀者或寫作者），或是用回饋記錄表的方式進行書寫。「畫廊漫步」（Gallery Walk）則鼓勵學生匿名提供有效的回饋，不需要他們彼此直接互動，這個方式能讓比較沒有自信的孩子感到放心。請注意，這些方式都是使用反映式回饋的語句。當學生日積月累地練習下來，會開始將這種語言內化，也因為熟悉這個過程，更能專注在提供或接受具體回饋的過程中。

對幼兒實施回饋禮節教導的另一個訣竅是，審慎考慮誰最適合提供回饋。在學生彼此間回饋的情況下，可能意味著老師要策略性指派回饋夥伴，以便孩子能在整個專題中跟同一個人合作，並隨著專題的進展調整自己的評論。當需要不同的觀點時，老師可以邀請其他班級、外部專家，或其他老師來提供回饋。我們也要鼓勵孩子用同樣的禮節面對所有的外部回饋，以便孩子可以內化這些禮節。

學習如何接受回饋意見也很重要。接受回饋能促進自我調節能力的發展，因為當學生根據任務、期望和自己的表現來思考學習時，便會開始運用自我監控來獲得內部回饋（Butler & Winne, 1995）。內部回饋不僅能幫助學生發現自己所想與所學之間的差異，並且能夠意識到自己進行一項任務時所發生的認知過程（Butler & Winne, 1995）。

另一方面，學習從外部資源接受回饋，則有助於學生學習自我監控自己在班級期望和個人學習目標方面的進展。他們透過參與和學習相關的對話，會辨別出什麼樣的回饋值得提出，什麼樣的回饋能幫助自己更好。**內部和外部的回饋會同時推動學習加速前進，而不會在作品完成之後，只是等著成績公布或得到一個「好棒棒」的作品評語**。相反地，他們**持續不斷地參與在貫穿整個學習過程的回饋循環**，利用回饋做出下一步的決定。我們深信，將表 7.2 的原則融入你的「專題式學習」單元，將能增進你的學生在給予和接受回饋方面的獨立性。

表 7.2　在幼兒課堂上給予回饋的考慮事項

回饋的特點	考慮事項
及時且持續	• 盡量在學生完成作品前，還有時間做反思並改善時給予回饋。藉此向孩子傳達出學習的重要性，同時也象徵著，我們會共同承擔責任，做出高品質的作品。持續地回饋也傳達出學習是一個過程，回饋並非等到作品完成後才進行，它純粹是學習情境中一個進行中的**部分**。 • 孩子有時候可能會忘記他們曾做過的東西。因此，透過及時且持續的回饋，除了讓孩子對回饋做出反應，也能增進回饋的有效性，確保學習與孩子的相關性。

回饋的特點	考慮事項
對作品進行描述	• 提供回饋時,老師或同儕應該舉出這個作品的若干優點,並至少提供一個可行的建議。回饋的目的不是要批評**創作者**,而是聚焦在**作品本身**。 • 將一個學習目標單獨挑出來做為回饋的重點,也許會很有幫助,可以確保彼此的對話聚焦,並透過評分表和檢查清單,確認回饋與成功指標相關。 • 評分表應該使用友善兒童的語言,也就是三至八歲孩子實際使用的語言。老師要避免直接從學習指標中引用的語言,例如:「我能從已知序列中的給定數字開始往前數,而不需從1開始。」 • 避免說「做得好」或「它很漂亮」之類的字眼。可以考慮這麼說:「我注意到你將我們想要探討的問題,跟你在實地體驗期間所看到的連結在一起。」或是:「我很好奇,如果把這個句子改成疑問句,會發生什麼?」這樣的回饋方式是具體的、友善的、不帶價值判斷的。它也為孩子提供具體的語言範例,有助於應用在未來的情境中。
正向	• 正向的語氣能向學生傳達老師對他的肯定,同時傳達他們必須分擔學習的責任。盡量讓反思、給予/接受回饋和調整,成為教室氛圍和文化的一部分。讓學生知道:學習是一個往前邁進的旅程,在這段旅程中,我們必須誠實以對,在自己的優勢上建立基礎,並改善自己的弱點。 • 雖然「做得好」這句話是正向的,卻可能會讓幼兒過於仰賴你的正向肯定,而不是從具體的回饋中持續學習。你仍然可以傳達正向的感受,例如給他一個大大的微笑或是肯定的聲音,但回饋語言應該針對具體的觀察結果,而不是針對作品或他們的表現做判斷。 • 一個有用的提示是,記得要引起學生的興趣,而不是一味地讚美(Wilson, 2012)。學生想知道你有看到他,並注意到他的努力。正向的回饋不是透過你對作品的「認可」來傳達,而是借助正向觀察的力量和陳述傳達出來。

回饋的特點	考慮事項
清楚且具體	• 回饋要清楚、具體,好讓學生了解接下來要做什麼,但還是要留給學生一些思考的空間,而不是要學生修改的表面建議。請考慮使用評分表以確保你的回饋夠具體,並與學習目標和結果相呼應。避免給學生過多回饋,以防消化不良。 • 對於年幼的孩子,只要提供一、兩點清楚地回饋即可。你可以示範你的建議(用你的作品樣本,而不是孩子的)。例如,你建議某個孩子的3D模型要更準確對準圖案,請用一個樣本來示範,並口頭提醒孩子:「看我如何⋯⋯」,幫助孩子全神貫注在你的具體建議上。你也可以利用提問,像是:「你認為我們可以怎麼做,來讓這座建築更加穩固?」 • 等回饋結束,請先離開孩子一陣子再回來看看,並根據你的具體提問,觀察孩子做了哪些改變。然後再提供回饋,強調出孩子的進步,或是他們如何朝著目標前進。
差異化	• 回饋要符合每位學生的個別需求。例如,對某些學生來說,只需要稍加提醒,即可進行下一步,但有些學生需要的是更清楚的提示或範例。因此,要避免對全班使用千篇一律或含糊籠統的回饋。也要善用觀察,確認誰需要個別的回饋,或是需要再透過其他方式進行後續課程。 • 不管學生的年齡大小,根據個別需求給予差異化教學,是非常重要的事。在一間幼兒教室裡,學生可能具備各式各樣的技能和能力,老師要覺察到這些需求,以及你對於成長的期望。 • 確認你的回饋對每位學習者來說是適性發展的。當你在向學生提供回饋時,很可能周遭的其他孩子也會聽到並吸收你的回饋(即使不是針對他說的),光是聆聽你對同儕的回饋,就能幫助他們改進自己的作品。

　　學生必須體會到,並非所有的回饋都同等重要,也並非所有的回饋都有助於工作的推進。這與成人的職場相似。

在我們身為教師的工作中，我們也經常會收到來自學生、家長、同事和主管階層的回饋。我們可以決定什麼是有價值的回饋，進而帶來實質的改變，以及，什麼是根本毫無幫助的。學生也可以藉由參與老師主持的全體回饋時間，來學習辨識什麼是有用的回饋。老師可以帶領評論時間（利用從目前班級之外的學生所蒐集到的樣本），強調如何提供和接受回饋。我們鼓勵你將回饋過程拆解成多個步驟或迷你課程，例如：關於提供回饋、接受回饋，以及辨識回饋的品質，不妨分成好幾天來進行，將能獲得最大的效果。

　　另外一件重要的事情是，要尊重學生的身心發展狀況，並根據他們正在參與專題過程的學年時間點來調整期望。對幼兒園的孩子來說，通常會在十月或十一月，提供學生一項基於評分表的具體回饋，然後在二月時，會再提供二到三項，這樣可能就很足夠了。一年級的學生可能可以在學年初提供與迷你課程相呼應的回饋。二年級的學生也許可以在輔導和幫助之下，更頻繁地提供善意、具體和有用的回饋。不論年齡大小，關於如何提供、接受和運用回饋的明確教導，對孩子來說都是很重要的。如果你想了解更多關於如何提供好的回饋，我們鼓勵你閱讀由布魯克哈特（Brookhart）（2017）所寫的《如何對學生提出有效的回饋》（*How to Give Effective Feedback to Your Students*）第二版。

　　在「專題式學習」中，當孩子參與反思、持續學習尋求

意見和接受回饋，以及最終，將種種建議以調整的形式付諸實踐時，他們便是在承擔學習的責任（Sackstein & Berkowicz, 2017）。停下來進行反思，提出和接受學習相關的回饋，這對於年幼的學習者來說影響深遠，他們會培養出堅持不懈的韌性和技能，並且改進自己的作品。毅力和自我效能等能力，是幫助孩子成為獨立學習者的另外兩個守則。老師應該為學生示範如何監控進度以朝向目標，並且在提供回饋和辨識新目標時，借助學生的優勢、長處、興趣和挑戰（Hattie, 2012）。透過回饋監控目標和評估學習，是學習過程中重要的部分（Boud & Molloy, 2013; Wiggins, 2012）。在理想的情況下，學生正在學習給予、接受和分析的回饋，是進行中的討論和對話的某種敘述形式和副產品。

在幼兒「專題式學習」中的調整

大多數的孩子在做評分表和正式評量自己的作品之前，會做四到五次的草稿。每份草稿會花三十到四十分鐘。在這個關鍵時刻中，孩子會決定他們是否已經完成「最棒的作品」，或是還想再試一試。令人驚訝的是，想再試一試的人占多數，他們甚至投入其中、欲罷不能。正是這個不斷改進的過程，讓孩子不斷超越自己。（Berger, 2014, p. 150）

在傳統的教室裡，老師通常是在寫作時段教導調整的策略，而且這最常發生在寫作的最後階段。通常，在引入調整的概念之前，老師會介紹和指導學生完成寫作步驟，並讓他們完成一份完整的草稿。或者，學生要經常拿出以前的某項作業，把它當做學習「調整」的素材。老師往往把這類型的「調整」，教導成比較接近是在進行**編輯**。編輯和調整雖是不同的技能，但也有其價值，它通常較強調在寫字、文法、標點符號和大小寫的錯誤。到最後，學生便以為調整就是在草稿和正式發表之間，一系列的快速修復。這並不是我們所謂的「調整」。

事實上，調整是一種遠遠超出寫作範圍的技能，而且應該是學習過程中持續進行的一部分。它不僅僅是編輯，而是針對素材的每個概念和結構重新思考並做出改變，同時學會在寫作的情況下，對於用字遣詞和文法的選擇做出更深層的考量。調整不應該被歸為最後階段的策略，而該被視為一個持續不斷的過程，會在創作過程的所有階段中頻繁地重複發生。我們同意，寫作時段是一天當中向幼兒介紹調整方法的最佳時機。但是我們的目標是希望幼兒將調整策略和過程，遷移和應用到其他領域，尤其是在專題期間。

反思使孩子知道自己是個學習者，回饋則幫助他們建立成長心態，並且尊重他人的觀點，而調整，則幫助學生意識到自己在學習中扮演著重要的角色，可以對作品做出正向、

有影響力的改變。調整可以讓學生對其作品進行預想和重新想像，而不僅僅將調整視為是一種編輯錯誤的手段（Hicks, 2017）。當孩子體認到他們歷經好幾份草稿的創作，並且克服種種挑戰和挫折，醞釀出如其所願的成果時，這個調整與重新提交專題以獲得進一步回饋的過程，會帶來更大的自豪與滿足感。在「專題式學習」中，調整可以成為一種強大的教學工具，因為它考驗著幼兒在剛開始創作和建構的過程中，全面想像專題將會如何匯聚在一起的能力（Kuby, Rucker, & Kirchhofer, 2015）。調整給予孩子一個重新審視自己作品的空間，讓他們能根據回饋與反思做出改變與調整。

調整過程所帶來的好處，值得讓人花時間和精力，來建立一種反思與落實回饋程序的文化。當學生進行調整時，他們會培養出毅力，提升其參與度，更加體認到學習是一種共同承擔的責任（Hicks, 2017）。參與調整過程不僅能提升當前作品的品質，當學習者將新學到的知識與技能應用到下一個專題時，也會提升未來作品的品質（Berger, 2014）。

當學生在專題中分享他們剛浮現「草圖式思維」（Rough draft thinking），將促進他們智力與勇氣的發展，他們會知道不完美是一種常態，因而更加勇於冒險（Jansen, Cooper, Vascellaro, & Wandless, 2017）。分享這種尚處於萌芽階段的構想，也讓學生有機會改變想法，而不會抱持著「只做一份草圖就了事」的心態。藉由及早分享構想以進行調整，也是

向學生傳達一種訊息：重視思考和學習過程，更甚於正確或
「對的」答案。

　　為了學習如何做出有效且有意義的調整，老師應該：
（1）為調整騰出時間；（2）提供交換意見的機會（老師對
學生，學生對學生）；（3）使用優質的作品做為範例；以
及，（4）有意識地提供調整策略的指導（Saddler, Saddler,
Befoorhooz,& Cuccio-Slichko, 2014）。騰出時間進行調整很簡
單，只要從專題中辨識出一、兩點來進行即可，老師對於如
何調整的用心指導，以及學生參與調整所投入的時間，都能
讓學生獲益良多。你可以設計成全班的課程、小組的作業，
或個別的諮商。

　　在這些討論中，利用具體的調整範例是很好的輔助方
式。你可以在學生的專題中找到某一處，用來向他們示範如
何進行調整，然後鼓勵他們在未來進行類似的調整。讓學生
產出自己的範例，不論是用他們自己的專題，或是幫忙某位
同儕，也是很有益處的。在沒有輔助、支持，或時間的投入
下要求學生進行調整，會讓學習者卻步。我們必須讓年幼的
學生對如何調整有自己的想法，並授權他們做出自己的調整
決定，這是很重要的。

　　不論是關於寫作或是專題，調整課的重點應該有所不
同。就如同老師只會在孩子完成一份作品的草圖之後，才會
讓他們進行調整，我們也很常看到老師把反思的焦點放在成

果上。與其強化這種成果的調整，我們認為孩子更應該學會調整：

- 過程中的內容。
- 對於內容的思考過程。
- 專題的過程。

對於專題內容的調整通常與正確性有關。在學生學到新的構想與資訊之後，他們應該有時間去調整自己的作品，以反映出新的學習。調整思考過程需要時間和意圖，而幼兒能夠學習如何將新的構想和不同的觀點與他們的想法融合在一起。成果的調整往往以循序漸進的方式進行，通常是在學到新的內容，或引進新的流程之後。請允許學生在課堂上或專題過程中採用自己的調整策略，也許隨後可以進行迷你課程或討論，鼓勵學生反思這個過程是如何運作的，然後使用學生提出的建議進行調整。表7.3為你提供了內容、流程和成果方面的調整策略與可能的主題。

教導最年幼的學習者反思、回饋和調整的過程，對他們在學業知識、成功技能和氣質上都能發揮正向的影響。促進學生參與反思、回饋和調整，能提升他們對學習過程的自主權以及學習的獨立性。這三個過程也讓學習者意識到，應該要承擔自己對於學習的責任，並意識到知識

表 7.3 「專題式學習」中的調整策略與可能主題

內容	過程	成果
• 教導學生如何在專題中加入細節。 • 請教年齡較大的學生，例如：請友好班級的學生提供調整行動的具體回饋。 • 在實地考察、來賓演講或課堂體驗之後，請學生完成以下的句子：我以前以為 ＿＿＿＿＿，但是現在我知道 ＿＿＿＿＿。 • 教導學生如何將照片或文字增添到寫作中，所以他們不是重新開始，而是調整。	• 教導學生如何仔細觀看事物。 • 在課堂用語言提醒學生他們**還未**大功告成。 • 使用高瞻課程（HighScope）中「計畫—執行—檢討」（plan-do-review）的流程（Hohmann et al., 1995）。 • 示範在專題計畫書中記錄後續步驟。 • 安排會議時間進行調整，或設定你計劃確認個人或團隊狀況的日期。 • 使用諸如「讚美、提問、建議」的合作式評論、讚美圈之類的調整禮節（EL Education）。 • 訓練學生以全新的眼光或不同的角度看待他們的作品，學習思考同儕或成年人等可能會如何觀看他們的專題。	• 詢問學生：「關於這個專題，你想要做什麼改變？」（Juliani, 2018） • 使用具體的提示：「你可以如何把作品做得⋯⋯？」（意即：更穩定、更具易讀性）。 • 在探索新的素材或看過實際的成果樣品之後，請學生根據新學到的東西來調整作品。 • 花時間輔導個別學生進行調整過程的同時，讓其他人進行自由活動時間、獨立的工作時間，或學習角落。 • 使用分析方法來辨識草圖的缺失。 • 訓練學生辨識和決定，要在專題中添加什麼，以及／或是他們想要改變什麼。

是如何被建構的。身為幼教老師，我們必須擁抱機會邀請學生參與學習過程，並且刻意地為他們創造機會以進行深度地學習，包括：清楚地了解學習目標、制訂計畫和進行調整，然後回過頭回顧自己的成長和進步。透過他們的課堂體驗，孩子會培養出毅力、決心、反思能力、自我效能和自我調節（Frey, Fisher, & Smith, 2019; Helm & Katz, 2011）。許多針對反思、回饋、調整、後設認知和執行功能的研究一再地確認，**那些懂得思考自己的學習，以及懂得思考自己思考過程的學生，會成為更加獨立與投入的學習者**（Hammond, 2014）。因此，我們希望你具備充分的理由與策略，有意識地為學生安排自我反思與改進作品的機會。

在下一節中，我們將帶你回到「戶外教室」專題的故事，了解學生在整個專題中的不同階段，基於不同的理由如何進行反思、回饋與調整。正是透過這些經歷，學生開始了解到自己在學習過程中所扮演的角色。你將會看到，幼兒事實上可以學會如何反思、給予和接受回饋，以及在內容、學習過程和研發成果方面進行調整。

案例分享

在莎拉最初的計畫中，並沒有規劃讓學生設計樂器。這個構想是在孩子建議要有個音樂區**之後**，才加進專題設計

中的。莎拉很高興這個添加的項目是自然發生的（自發性整合），她也很期待音樂區與創造樂器將為學生帶來哪些收穫。

　　接著，莎拉開始思考，班上需要什麼來創建戶外教室區域？他們會放置哪些樂器？該如何幫助學生了解這些樂器？他們會從哪裡取得這些樂器？為了讓樂器設計的學習與體驗達到最佳效果，她知道必須安排特定的時間讓孩子思考：他們對於樂器有哪些了解、對樂器有何感受，以及他們將如何設計自己的樂器。

　　莎拉很清楚，如果自製的樂器要能像孩子所預想的那樣運作，並且可以持續使用一整學年，孩子必須投入很長一段時間在專題工作當中。莎拉試著將預期的學生學習成果列出來，並用括號列出專題學習的階段：

- 辨識並說出他們已經知道的樂器名稱（體驗）。
- 建立關於樂器的額外知識（體驗）。
- 探索不同樂器，並思考它們的特性（反思）。
- 認真地設計他們的樂器（體驗）。
- 製作樂器（體驗）。
- 讓同儕測試樂器並提出建議（回饋、調整）。
- 根據回饋和實驗進行改變（調整、反思）。
- 在獲得回饋後，回顧自身改變和過程（反思）。

莎拉費盡心思地計畫**反思**、**回饋**和**調整**的學習機會，希望讓學生深度參與學習，並更加意識到他們在學習過程中所扮演的角色。為教室的某個共同空間設計樂器，將能夠把學生吸引到共享學習自主權的真實過程中。僅僅是將這個過程編織進整個「戶外教室」專題中的各個階段，就足以在學業內容和社會情緒目標上產生正向的學習結果。學生能從中感受到同儕的幫助，並在學習中深受鼓舞。後來，他們成功地克服挑戰，設計出自己的樂器，並發展出可以帶領他們往前邁進，面對未來專題工作的技能和策略。

　　接下來我們會看到一段又一段的故事，是莎拉的專題進行到樂器這部分的描述，你可以從中看見莎拉嘗試為學生創造一個反思的機會。請思考莎拉的學生如何獲得有意識地反思、回饋、調整的機會，以及在學習上變得更加獨立的方法。

探索樂器

　　今天我們將有機會探索許多樂器。這些樂器是我從音樂老師麥爾坎先生那裡借來的，包括各種不同種類的樂器，例如：打擊樂器、弦樂器、木管樂器。當你在演奏樂器時，請想想看，我們戶外教室的樂器區應該具有什麼樣的樂器。我把樂器放在教室四周，你可以自己演奏看看，也可以跟同伴一起演奏。

當學生在教室裡探索這些樂器時，莎拉提出了直接、開放式的問題。這些問題不是用來「測驗」孩子看到或做了什麼。她希望孩子思考他們的體驗，做出連結，並激發出新的問題。在最初的探索期間，莎拉在教室裡四處走動，她記下了孩子的評語。有孩子說：「鼓很大聲，讓我們感覺興奮或害怕」，以及「我喜歡烏克麗麗的琴聲，因為它很柔和又放鬆。」木琴的形狀則看起來像「上升的台階」。大部分的學生都喜歡一種很不尋常的樂器，名叫「雷聲筒」（thunder tube），它的聲音聽起來像打雷，並且附有一張閃電和戶外下大雨的照片。

在課程的中段，莎拉先簡要說明演奏樂器的方法。她無意中聽到一位學生說：「我想知道他們是怎麼做出雷聲筒的？」於是，她將這個想法分享給大家，希望（並預測）其他的學生會開始意識到他們對於樂器的了解。她希望大家透過、感受，以及擴展對於樂器的新知識，以便最終能夠設計並創造出自己的樂器。在孩子輪流探索過樂器角落後，莎拉將學生集合到地毯上。她把所有的樂器放在教室前面的一張桌子上，這樣他們在開始討論時，孩子仍然可以看見它們。

莎拉建立了一個T形圖表，在上面列出孩子說**他們注意到的東西，以及他們需要知道的東西。她還把學生們的想法記錄下來，幫助學生看見反思的過程。**莎拉不會把「下一步就是要設計樂器」這件事情直接告訴學生，事實上，有位孩

子在圖表上加上了自己的問題：「我們將如何設計自己的樂器？」雖然莎拉本來就打算設計樂器（**有意識的整合**），她仍然留下了空間，等待孩子在初步探索之後主動提出這個想法（**自發性的整合**）。如果都沒有學生提出，那麼莎拉會等到隔天的反思會議上，透過一連串的提問，來提示學生詢問關於製作自己樂器的事情。

透過這次初步的反思，更加鞏固孩子對樂器的感受，例如：鼓可以非常、非常地響亮，而且通常是用來敲擊的。帶有琴弦的樂器會讓人感到放鬆。管樂器很難演奏，因為有時你必須很用力地吹。他們的反思引導他們對樂器有更廣泛的了解，包括：如何演奏它們、它們的音色、形狀和音量。這次的反思也讓學生做出音樂和情緒之間的連結，這種連結在孩子稍後進行樂器設計時，產生了重要的影響。

一位音樂家的到訪

我們已經學習了很多關於樂器的知識，所以我認為與從事音樂演奏工作的人談一談，也許會有所幫助。這位是海瑟（Heather）。她對於她的樂器和其他的樂器了解很多。她是一位音樂家和作曲家。有沒有人以前聽過這些字？音樂家是演奏音樂的人，而作曲家是寫出音樂的人。海瑟演奏大提琴，並且為電影創作一種特別的音樂，稱做「配樂」。

透過最初的探索和須知問題清單，很明顯地，有很多的學生對於學習更多樂器相關知識和製作自己的樂器興趣濃厚。莎拉希望將真實的情境融入到專題中，以便她的學生能夠看到音樂和樂器在教室之外的關聯性。這時，有機會認識一位音樂工作者，便可以達成這個目標。

　　幾天之後，莎拉邀請音樂家兼作曲家海瑟來到教室，介紹她的大提琴，並回答學生的問題。在海瑟來訪之前，莎拉在腦海裡模擬思考了與來賓或專家有關的問題，然後向學生介紹賓客來訪的禮節，以幫助孩子主動提出問題來請教海瑟，並為這次的訪問做好準備。莎拉分享了一個簡單的「向來賓提問」的評分表（圖7.2），其中包括了三個要素：說話大聲一點、說話慢一點，以及眼睛注視著來賓。學生使用這個評分表來評估莎拉，以便熟悉這些期望，並能夠練習使用評分表的詞彙，以及內化他們隔天被期待應有的表現。

　　接著，莎拉將班級分成兩組。孩子先跟夥伴討論，然後想出兩個（每人一個）他們想請教這位作曲家的問題。

　　他們在便利貼上畫上圖案，幫助他們記住問題，並且互相練習提問。然後，夥伴根據這三個要素：說話大聲一點、說話慢一點、眼睛注視著演講者，給出一個快速的回饋。使用一個簡單的評分表，如果孩子認為他們的夥伴已經很成功地展現出這些要素，他們會圈出每個要素的圖片，如果他們認為他們的夥伴還沒有做到，就會把問號圈起來。

當海瑟來訪時,她演奏了大提琴,並給孩子演奏它的機會。她還帶了她的管弦樂團演奏音樂會的影片,所以孩子可以看到指揮和其他的樂手。於是孩子提出了問題,包括:「你是如何學會演奏的?」「你的工作是在做什麼?」以及,「你的大提琴很重嗎?」有些問題是來自之前預先的討論,有一些則很明顯是當場想到的。

你的名字＿＿＿＿＿＿
你夥伴的名字＿＿＿＿＿＿
你的夥伴是否有做到……

說話大聲一點? 	還沒有	是的!
說話慢一點? 	還沒有	是的!
眼睛注視著來賓? 	還沒有	是的!

▲ 圖7.2　向來賓提問的評分表

在這次訪問結束之後，孩子們畫了一幅畫，畫出他們看到、聽到或感受到的一些東西。莎拉為這幅畫加上一些文字（由孩子們口述），並且把一頁頁的圖畫全部裝訂成一本書。在那天下午的朗讀時間，莎拉在班上朗讀了《海瑟來訪的故事》這本書，然後孩子在安靜時間（Quiet Time）獨自地看著這本書。

初始的設計

今天的自由活動時間，我注意到你們很多人都在演奏麥爾坎先生的樂器。莉莉是指揮，而且我看到有幾個人在這個管弦樂團裡，有些人則在欣賞這場音樂會！它看起來很像海瑟昨天來訪時，向我們展示的管弦樂團和指揮的影片。我們的問題之一是：「我們如何可以為我們的音樂區設計自己的樂器」，所以我在想：如果我們要在音樂區加上自己的樂器，它們會是哪些類型的樂器？我在想，如果我們能仔細觀察我們手邊有的這些樂器，就可以了解到當我們在設計自己的樂器時，應該考慮的事情。

在專題工作期間，莎拉發給每個小組的學生一張照片，上面是他們在過去幾天的自由活動時間曾經探索過的某種樂

器。她請孩子談談他們在演奏過這些樂器之後，對它們的了解。她請他們思考以下的問題：它們要如何演奏？它們是大的或小的？它們可能是由什麼製成的？它們發出的聲音是響亮的，或是柔和的？

　　當孩子在他們的小組中討論這些問題時，莎拉聆聽那些她可能會想在討論期間重複提出的重要想法。莎拉根據每種樂器的演奏方式組織了一張大圖表。然後，孩子看著這個圖表反思他們所注意到的東西，例如：「所有的沙鈴都是木頭做的。」「所有彈奏的樂器都有弦。」

　　此時，莎拉確信孩子已經在開始思考他們自己的構想，而且可能已經準備好使用樂器設計圖形組織表（見圖7.3）投入設計過程。當天稍晚，學生開始計劃他們的原始構想，此時莎拉安排班級一半的人進行設計，另一半的人參與自由活動，他們可以玩木偶、借來的樂器和戲劇表演。莎拉一對一協助學生利用形狀組成他們的樂器。圖形組織表包括了：

　　1.放圖片的空格

　　2.說明關於形狀決定的空格

　　3.音量等級。

　　4.樂器的材料

　　5.關於這項樂器如何演奏的想法（敲擊、搖晃、
彈奏、摩擦，或吹奏）

在小組裡，每個孩子都會輪流描述他們的樂器，並且收到關於他們樂器設計的回饋。同儕會要求設計者釐清問題，並且根據設計者的回答提出回饋意見。莎拉蒐集了孩子的書面構想，並且暫時將它們放在一旁。她知道她希望孩子在實際製作3D模型之前有機會調整它們，所以她選擇先留下初始的設計，直到有需要派上用場的時候再拿出來。

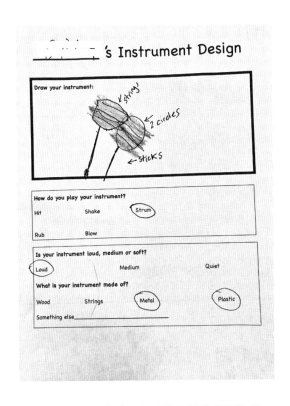

▲ 圖7.3　在參觀樂器行之前初始的樂器設計

參訪吉他中心

你們還記得吉妮雅建議我們去樂器行學習更多關於樂器的知識嗎？今天我們就要去了！我們將參訪一家名叫「吉他中心」（Guitar Center）的商店。我們會把大家分成小組，在商店裡四處逛逛，並尋找特定的樂器。為了幫助你們，我設計了一張表單，上面有實際的樂器圖片。你們會隨身攜帶著寫字夾板在店裡走動，當你看到表單上的樂器，請把它圈起來。

我希望你們專注在不同樂器的形狀、大小和材質，以及不同的樂器是如何演奏的，那麼當你們在設計自己的樂器時，它們也許能激發你們的靈感。你們會有時間在這張紙的背面，畫上你們看到的東西。如果你想要寫下一些文字，例如你看到、想到或產生的疑問，可以拜託跟你同組的大人幫你寫下來。等我們參訪回來，會針對我們的樂器至少進行一次調整。這意味著你也許會加上一些新的東西，或對它做一點改變。

當孩子抵達吉他中心，店家經理來迎接他們。莎拉在一週之前已經拜訪過這家商店，她拍了一些樂器的照片（以協助引導孩子聚焦在「尋寶遊戲」），並且就這次的拜訪事宜和經理洽談過。莎拉希望能夠確保孩子可以觸摸、拿取和演奏

這些樂器。莎拉也確保她分配了時間讓學生可以畫出他們所看到的東西，以及/或是對他們所做的任何觀察記下筆記，以便他們回到學校之後，可以使用這些筆記做為自己樂器設計的資料參考。在這趟旅行出發之前，孩子口述了他們想要請問店家經理的問題。結果發現，有些問題更適合請教在這家店裡工作的音樂老師，於是孩子請問了這些專家。這些音樂老師邀請孩子到練習室演奏鋼琴、吉他和鼓。

一回到教室，孩子立刻回頭審視他們原始的樂器設計，並且得到提示，他們要根據在吉他中心所看到的東西，「至少做出一項改變，或至少增加一樣新部件」。莎拉請他們反思他們在吉他中心所看到的，或所做過的事情，並且思考這些體驗如何可以幫助他們改進自己的樂器設計。孩子透過繪圖做出了他們的調整，然後他們向莎拉口述了這些改變，好讓她可以記錄下來，並標示出任何新增的部分或改變。對於那些需要協助的人，莎拉建議他們改變樂器的形狀或材料。莎拉原本也可以邀請店裡的某位音樂老師，或是那位店家經理來教室裡看看這些樂器設計，詢問學生一些問題，然後提供回饋意見，但是時間有限，所以孩子是根據他們在商店裡所獲得的新知識來進行調整（圖7.4）。

工作時間一旦開始，一名學生將她的樂器形狀從方形改成星形，因為她注意到店裡面有把吉他的形狀像顆星星。另一名學生發現了一把完全由一角硬幣製成的吉他，於是決定

他的樂器應該用硬幣來製作，而不是用木頭。擁有了在參訪行程之後所建立的新知識，孩子能夠對於他們的樂器設計做出更明智的決定。有些孩子決定根據他們在這次旅行中的觀察和體驗來為他們的樂器命名，或添加全新的元素。依照預期的計畫，學生在製作樂器之前，將會討論並且寫下／畫下他們的調整構想，以做為學習過程中的一個步驟。

為了支援這些孩子將他們的設計變成真正的樂器，莎拉爭取到美術老師安德里亞女士的幫助。

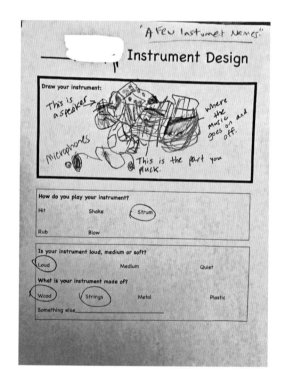

◀ 圖7.4　在參觀樂器行之後，有位孩子在他的設計中加上麥克風和其他細節

3D 樂器設計

　　昨天我們花時間針對我們的樂器設計圖進行了修改。今天我們要開始製作真正的 3D 樂器了！我們已經根據你們初始的設計，蒐集許多材料。這裡有金屬、木材、紙板、弦、塑膠和其他材料。請想一想，哪一種材料最適合你的設計。我們的美術老師安德里亞女士也會來幫忙。

　　大約一週之後，莎拉和安德里亞在自由活動時間以及班上的美術時段，一對一協助孩子製作他們的樂器（圖7.5）。莎拉經常與專家（藝術、音樂、體育）合作計劃她即將在班上教授的課程，並辨識出他們可以共同處理的專題構想。這

◀ 圖7.5　美術老師安德里亞女士與學生一起合作，從初始的 2D 設計，製作出一個 3D 的樂器模型

位美術老師所提供的一對一協助，幫了莎拉一個大忙，因為莎拉需要照顧班上其他的孩子。兩位老師都幫助孩子選擇了適合的材料，並且實現了他們的想像。有些孩子加上了他們的圖畫裡沒有呈現出來的細節。有些看到了一些可運用的素材（例如：一些塑膠的復活節彩蛋），於是決定將它們融入他們的設計之中。

　　孩子花時間仔細思考他們曾有過的預想，以及如何利用這些材料讓想像成真。安德里亞和莎拉幫助學生將材料（紙板、塑膠、電線、金屬）彎曲或形塑成他們所需要的形狀，以支援孩子的設計過程。有時，孩子在嘗試使用這些材料時，了解到有些材料比其他材料更適合他們的樂器。有位孩子一開始設計的是鼓和吉他所組成的樂器，他選擇了電線和紗線做為琴弦，但是當他發覺到紗線的聲音太安靜，他做出了調整，納入不同寬度和類型的電線組合。有位孩子曾經想過在雨聲器裡塞進一些米，後來改成用大珠子代替，好讓聲音變得更為響亮。當孩子看著他們的樂器快要大功告成時，他們會經歷各種情緒——時而沮喪、時而興奮，而到最後，會顯露出一種自豪的感覺。

　　那天的尾聲，在總結圈的期間，孩子終於有機會分享和演奏他們的樂器，先是個別演奏，然後變成一支「樂隊」一起演奏。孩子輪流擔任指揮，帶領他們的朋友以不同的音量和速度演奏，如法炮製他們曾經在影片裡看到情形。然後，

莎拉讓孩子個別反思他們在製作樂器過程中所面臨到的挑戰。分享圈結束後，他們把樂器放到一個大的柳條籃子裡，這個籃子已經在那裡空了好幾個星期，殷殷期盼著這些最終組成戶外教室音樂區的樂器到來。

戰勝誤解

在專題的過程中，學生有各式各樣的機會來學習和練習反思、給予／接受回饋和調整。雖然我們可能會認為，這對年幼的孩子來說難度太高了，但如果我們停下來想想上述三種能力在課堂的實際運作狀況，就會發現幼兒的確能夠參與反思、給予／接受回饋和調整。

反思不僅僅是在專題結束後，針對事情進行的狀況做思考，或回想當初做出的選擇。探究的循環要求我們一再地評論作品與構想，並利用回饋工具來確保這些評論是友善、具體和有幫助的。調整是對及時的回饋與新的學習進行反思的過程，以便對作品和構想做出有意義的改變和增添。

如果我們花時間來搭建和支撐這些剛萌芽的技能，孩子將會受益匪淺，並且將這些新的學習應用到校外的日常生活之中。經歷過學習過程的這三個部分後，學生會受到鼓勵，為自己的學習培養出更大的責任感及自主權。

08

分享所學

幼兒「專題式學習」的評量與公開成果

 「專題式學習」的評量方式無法可靠地衡量學生的進步。
我的孩子年紀還太小，可能會太過緊張，
無法站在一大群觀眾面前，展現他們所學到的東西。

在前面幾章中，我們已經討論過支撐起「專題式學習」
的建構主義哲學，以及讓「專題式學習」得以落實的「以學習
者為中心」的環境，也審視了與專題有關的各個面向，包括：
內容的統整、研究、讀寫、SEL，以及反思、回饋和調整。最
後，我們要談的是，如何透過評量與公開成果，讓學生在「專
題式學習」的廣泛情境下呈現他們所學到的內容及意義。

在當前的教育風氣下，考試和評量方式嚴重影響著老師
的教學決策。在這種考試領導教學的環境下，老師無法欣然
接受「專題式學習」的主要原因也在於，他們感到有必須教
完考試相關內容的壓力，得為學生在未來取得好成績做好準

備。有些老師認為「專題式學習」可能缺乏可靠的評量，甚至不確定在「專題式學習」中，「高品質的評量」看起來是什麼模樣。

近年來，隨著「數據驅動教學」（data-driven instruction）的推動，以及每個學年必須管理的評量數目擴大，老師們往往會懷疑增加任何評量的可能性，更別說是從頭設計一個專題單元了。一般來說，當老師在考慮實施「專題式學習」時，可能會想知道下列三個有關評量的問題：

● 我要如何建立一種能充分衡量學生學習情況的評量方式？

● 有什麼證據可以證明學生了解到關鍵概念？

● 如果在專題結束時，這個評量方式如同過去的考試方式一樣，無法準確地反映出學生的進步，該怎麼辦？

這些都是非常重要的問題。我們相信找到這些答案，會更加鼓舞你張開雙手擁抱「專題式學習」，並明白它將如何幫助孩子以更有意義的方式，展現自己的學習成果。

在美國，有些幼教老師抗拒嘗試「專題式學習」的原因，是因為他們抱持一種假設，以為每個專題結束時，都必須舉辦一個邀請學生家人和學校相關人士參與的正式活動。

每當老師一想到要組織這種（面面俱到的）「公開成果」活動，就會不知所措、心生畏懼，並且擔心年幼的學生不樂於參與，或是害怕學生無法站在觀眾面前說話或在台上愣住，因而無法有效的傳達他們的學習成果。

的確，「專題式學習」會要求老師舉辦一個公開成果來展現學習成果，但是**展現成果的目的，是要展示出學生所學的相關應用，而不是為了要「作秀」**。與其感到要學生「表演」的壓力，更為重要的是為學生創造真正的觀眾與相關情境，讓他們可以分享並應用所學。因此，當我們談到最終的「公開成果」時，所指的是學生對外展現自己在專題中所學的內容，以及它們在其他地方的實際應用。

反思與連結

當討論「評量」與「公開成果」如何記錄學生學習時，請思考：

- 學生是否經常利用工具（例如：評分表）或策略（例如：禮節），來評估他們已經學到什麼，或是還需要學習什麼？
- 讓學生與他人分享自己的學習，將對他們的專題作品產生哪些正面影響？

雖然評量方式似乎是實施「專題式學習」的障礙，但實際上，它是一種寶貴的教學方式，並且能為我們在「專題式學習」中提供做決策的參考。「公開成果」是任何優質「專題式學習」單元的基本元素，藉此辨識出你希望學生以何種方式與課堂外的觀眾分享他們創造出來的成果，來展現他們在專題中的學習。

在最後一章裡，我們會向你解釋「評量」與「公開成果」這兩種有效且有意義的方式，能幫助我們了解學生學到了什麼，以及透過這些方式，他們能做些什麼。

評量的目的是什麼？

所有老師都知道，在教育評量領域中，有「總結性評量」與「形成性評量」兩種類型。總結性評量主要在評斷學生的學習成就，而形成性評量則透過持續性的回饋資料，做為課堂教學決策的參考。在許多課堂情境中，評量對學生和老師來說都是個麻煩和負擔。通常進行的方式是由老師事先確定有關內容或技能的知識，然後使用直接教導的方式來傳授知識，接著透過總結性評量評估學生的熟練度和學習狀況。

一般老師會使用與學習相關的測驗、報告或簡報，以便老師可以根據所傳授的內容，來確認答案的「對」與「錯」，並根據學生答對題數進行評分，最後會給出一個等

第。這類型的評量相當普遍，有些幼兒教室裡也採用這種方式（Blessing, 2019; Diamond, Grob, & Reitzes, 2015），以確認教學符合大家極力主張，要根據州和國家學習指標與基準來衡量學生的技能水準。

然而，這種極度重視獲取分數與數據落點，而不是為了蒐集學生學習證據的評量觀點，卻違背了對知識建構的理解（建構主義原則5），以及主張孩子應當參與學習過程（建構主義原則2）的信念。事實上，「評量不應該與教學分開，而是教學與學習過程中一個自然而然的步驟」（Brown, 1998, p. 60）。

我們必須善用評量來引導教學，提供回饋和監測學生的進步。當我們能定期地監測孩子在學業和SEL能力的成長和發展，評量更將別具意義。形成性評量應協助老師進行專題的計畫，並直接引導教學的決策。評量應鼓勵學生的進步與成長（Marzano, 2006; Tomlinson & Moon, 2013）。這意味著老師必須有意識地將評量妥善置入專題的各個階段中，以及，如果有必要的話，老師必須能夠找到能替代數字等第的評量方法。

實施「專題式學習」，光靠內容的評量是不夠的，因為學習的本質更加複雜。因此，我們會在整個專題中運用「專題里程」（Milestones）的方式，透過持續的、及時的和有意義的評量，讓老師及時檢視孩子的理解狀況，以提供輔助和支持，確保所有學生都能成功達成專題的學習目標。在專題期間經常地評量學生的學習狀況，是為了確保孩子在學習的

在一間創新的教室裡，你往往找不到成績和考試之類的東西，而會看到有意義的評量，這樣的評量目的是讓孩子感到興致勃勃，並願意為重要的想法絞盡腦汁（Kohn, 2013, p. 22）。

各個層面都扮演著主動的角色。老師有責任確保「評量」不僅與「內容」互相呼應，而且與學習的過程、成果和SEL能力密切相關。

韋更斯（Wiggins）和麥克泰（McTighe）（2011）則進一步為學習的四個領域制訂學習目標和評量，分別為：知識、基本技能、理解力和長期遷移的能力。適時的評量同時向年幼的學習者傳達出一個訊息：**我們不僅重視學習的最終成果，也同樣重視學習的過程，相較於前者，後者甚至有過之而無不及。**

有意義的評量傳達出學生「為什麼而學」，以及「學什麼」的目的感。這樣的做法具有兩層涵義：

一方面，有意義的評量能確保我們以一種合理的方式蒐集所需資訊，並做為教學參考之用。這意味著老師決定評量內容的指標、誰來做評量、什麼時候評量，以及評量結果將會被如何使用，並為學生闡明這些內容與專題作業的連結。另一方面，我們希望學生在評量期間參與的工作，是能夠反映出知識是主動創建出來的，並與他們在整個專題中所進行

的思考類型一樣，需要一定程度的嚴謹性。評量應該顯示出學生知道什麼，以及能夠做什麼，而不是他們能否聽懂完成某個評量的指示。

事實上，對年幼的學習者進行評量非常耗費時間，因此許多幼教老師一想到要在「專題式學習」單元期間發展和實施額外的高品質評量，就會感到憂心忡忡。許多針對幼兒的評量是用一對一或以小組的方式，並且透過討論和觀察來進行。老師用非正式的檢查清單、連續性記錄、觀察等方式做為幼兒課堂上基本的評量策略，因為它們能讓老師在真實的情境中與孩子自然地互動（Blessing, 2019）。

有些老師很想知道，這些評量方式是否同樣適用於專題之中，很幸運地，答案是肯定的。幼教老師事實上具有獨特的優勢來處理「專題式學習」中的評量，因為他們可以掌握內涵豐富的一對一評量，也可以利用他們的觀察和諮商技巧，針對學習過程和成果發展出不同層面的評量。由於學生的年紀還小，幼教老師的評量措施必須更加新穎而有創意。這意味著他們要大量運用觀察的技巧、提問的策略，以及耐心等待的時間（Duckor, 2014）。

由於評量是學習過程的一部分，即使是最幼小的學習者，我們也要將他們納入評量的實施對象，這點十分重要。在「專題式學習」中，我們鼓勵學生學習自我評量，以及參與更廣泛的班級評量方式，能夠覺察自己當前的理解水平，

以及利用回饋（來自自己、老師和同儕）來幫助自己了解正在學習的內容，透過監測進度，成為一名「具備評量能力」的學習者（Frey, Fisher, & Hattie, 2018）。

「專題式學習」為兒童提供機會，使他們在評量的四個面向：內容知識、成果發展、最終成果，以及學習過程中，成為具備評量能力的學習者。一旦學生開始對內容和構想絞盡腦汁，冒險嘗試新事物，以及隨著時間監測進度，同時也造就他成為具備評量能力的學習者。在進行成果研發時，使用回饋、反思、調整，也能將學生帶進評量的過程裡。使用評分表來監測不同學習過程的進度，觀察和監測一段時間的成長狀況，並提供學生辨認出錯誤的工具，有助於學生發展他們觀察和了解SEL能力的成長與發展，學生也因此而變得更具備評量的能力。

在適當的時間進行恰如其分的評量，就能全面了解每位學習者的技能、知識和氣質概況，並讓老師獲得寶貴的資訊來規劃教學。這牽涉到在專題開始之前確定一些評量，並隨著專題的進展陸續加進一些額外的評量。隨著專題進入的不同階段，將需要用到不同類型的評量，這取決於專題目的和公開成果。在圖8.1，我們整理出一份最有效的評量清單，可用於幼兒教室裡的「專題式學習」。

內容知識	成果發展	最終成果	學習過程
• 實作評量 • 日誌 • 提問策略 • 討論過程 • 學生作品，例如書面或口述的閱讀心得、發想草稿、報告筆記	• 日誌 • 輪流回饋 • 禮節 • 觀察 • 目標設定會議 • 一次使用一種評分標準	• 禮節 • 對學習反思的陳述 • 共同創建的評分表 • 小組實作評量	• 日誌 • 作品集 • 作品樣本比較 • 學生創建的訪談提綱 • 用於回饋與評論的句型和詞幹 • 學生在解決問題過程中的筆記

▲ 圖8.1　評量的四個面向

評量的類型有哪些？

　　從「專題式學習」的視角進行評量，意味著老師會運用高品質的評量，也會找到替代的評量方法。事實上，為了提供具體、及時、有用的回饋或為了擬定教學計畫，我們非常鼓勵你挑選出你過往使用過的學習評量。像是你以前曾使用過的評分表，請繼續使用它們，但是不妨考慮，在專題初期就及早引進這些成功指標，而不是等到作品完成後才提出來。

　　舉例來說，當學生參與探究過程時，老師通常會協助學生撰寫科學日誌，幫助記錄下學生在學習過程中的觀察與記載資料能力上的成長。剛開始，學生可能是從簡單的繪圖開

始，持續一段時間後，便可以在每篇日誌中逐漸加進一些元素，例如標示或進一步提出疑問，甚至可能記錄下整個學習過程的專題作品集。所有這些做法都有助於建立一幅更豐富的圖像，呈現出學生在專題中知道什麼，以及能夠做什麼。

當然，老師可能還要考慮到課程標準、所處地區，或是所在機構組織對於評量的各種要求，這些考量與專題評量同等重要。其中，許多評量是為了以不同的方式和目的衡量學習而設計的。舉例來說，年級團隊可能會針對特定的內容建立一個共同的形成性評量，然而，在整個專題中，老師仍然擁有自主權，決定要使用觀察、軼事筆記，或是其他評量工具來監測學生的學習。因此，關於如何融入必要的評量，也許你可以有一些選擇，像是你或許能更動評量的內容、過程或時間，以符合你的專題目標。

在「戶外教室」專題中，莎拉曾安排一個包含幾何學章節的年級數學評量。她在學期末進行這個評量，並且針對學生的木偶劇場，設計出特定的評量，內容包括：學生能夠辨別不同的形狀，並說出它們的名稱。她對於孩子在木偶設計上描述人物特徵的能力，也進行觀察式評量，並在她指導閱讀小組和進行個別閱讀評量期間，也與孩子討論相同的主題。

我們希望在專題的情境下，邀請幼兒對自己的學習表達自主權，並對於他們的知識和技能是如何建構的，發展出深入的了解。實施有意義、高品質的評量，需要有意識的計

畫。學習如何利用資料來達成預期的目的，則需要透過練習。為了在這個過程中助你一臂之力，讓我們再回到「戶外教室」專題。

在表8.1到表8.6由莎拉設計的評量中，你將注意到：（1）什麼時候會用到這些評量；（2）誰會做這些評量；（3）蒐集到的資訊有哪些；以及（4）莎拉如何利用這些資料做為鼓勵學生學習的工具。當你透過評量的視角來觀看這個專題，我們建議你思考這個專題被引用到的內容，你將更清楚地了解這些評量的特質、評量的領域，以及學生參與評量的方式。

表8.1　社會與情緒學習

學習指標	專題被引用的內容	評量描述	評量類型
PLF 5.1 SEL: **學習的主動性** 更加主動地進行新的發現、找到新的解決方案，並堅持嘗試把事情弄懂	• 關於戶外教室初始的腦力激盪 • 把對於教室的個人構想畫下來，並附上由莎拉記錄的口述內容 • 點子板	• 在一張附有學生名字的**圖表**上列出他們分享的構想，讓莎拉可以評量學生分享／主動提議構想的能力 • **老師主持會議，** 請學生用文字描述構想，或指出關鍵部分來解釋自己的想法	**學習過程**

表8.2 英語

學習指標	專題被引用的內容	評量描述	評量類型
CCSS.ELA-LITERACY. SL.K. 1 **說與聽：理解與合作** 和各式各樣的夥伴就幼兒園相關的主題進行合作對話 CCSS.ELA-LITERACY.RL.K.3 **文學：** 在提示和協助之下，辨別故事中的人物、場景和主要事件	• 班級會議和討論	• 對於決定教室最終計畫的相關討論，以及學生寫信給校長時的**觀察** • 有關誰參與，以及參與多少次的檢查清單 • 在實地體驗之後完成的反思	**最終成果 成果發表**
CCSS.ELA-LITERACY. SL.K.5 根據需要加上繪圖或視覺呈現，以提供更多細節 CCSS.ELA-LITERACY. RF.K.2 **音韻覺識：** 展現出對口語、音節和發音（音素）的理解力	• 在評量將單字拆解成音節並辨別單字的音節時，對手指木偶和／或樂器的選擇	• **木偶圖畫** • 孩子為自創木偶擬定計畫，包括這個木偶人物的圖畫，以及標示的特徵 •《Words their way》系列叢書 • 音節評量（一對一教師會談）	**成果發展 內容知識** **內容知識**

表 8.3　數學

學習指標	專題被引用的內容	評量描述	評量類型
PLF 1.0-2.1 **幾何學** CCSS.MATH. **內容** K.G.A.1-6 孩子在日常環境中能辨別並使用各種形狀，結合不同的形狀來創造或設計一幅圖畫，拓展他們對空間位置的理解	• 木偶劇場拼貼畫	• **老師的觀察／會議** • 學生使用預先剪好的或自己剪的形狀，並貼在紙上。說出形狀名稱，並描述這些形狀要用在設計的什麼地方（例如：「三角形是屋頂。方形是木偶躲起來的地方。我用一個方形做窗簾」） • TERC／調查課程 • 幾何**檢查表**	**成果發展 內容知識** **內容知識**

表8.4 社會研究

學習指標	專題被引用的內容	評量描述	評量類型
SOCIAL STUDIES K.4 – 學生比較並對比人物、地點和環境的位置,並描述他們的特徵(使用遠／近、左／右、前／後等術語,確定對象的相對位置)	• 個人的平面圖	• **老師觀察／會議** 孩子與老師會面,並且描述(使用圖畫或實際的教室空間)每個區域的位置會在哪裡	**成果發展** **內容知識**

表8.5 科學

學習指標	專題被引用的內容	評量描述	評量類型
Next Generation Science Standards Engineering Design K-2-ETS1-2. 發展出一幅簡單的草圖、繪圖或實體模型,用以說明這個物體的形狀如何有助於它依照需要來解決某個指定的問題	• 樂器設計	• 學生個別繪製2D的樂器**設計圖** • 他們需要完成一套**評分表**,包括樂器的大小、形狀、材料,以及樂器如何演奏(加上一次調整) • 孩子利用回收材料建造3D**模型**	**內容知識** **成果發展** **學習過程**

表8.6 說與聽

學習指標	專題被引用的內容	評量描述	評量類型
PLF Language and Literacy (Listening and speaking) 1.0: Language use and conventions CCSS.ELA-Literacy. SLK.4 知識與想法的呈現 描述熟悉的人物、地點、事物和事件，並且在提示和協助之下，提供更多的細節	• 針對訪客設計提問	• **同儕對同儕的練習時段，**在其中，孩子使用**評分表**練習向訪客提問	**學習過程**
CCSS.ELA-Literacy. SLK.6 用口語清楚地表達看法、感覺和構想	• 為家長和來賓導覽戶外教室	• 孩子帶領**家長參觀**戶外教室，運用一張教室地圖描述每個區域及其用途。和家人分享木偶和樂器，介紹製作的過程	

在「專題式學習」中發展和實施評量，可能跟你習以為常的做法看起來和感覺起來很不一樣。請記得，孩子可以透過多種方式來展現他們的理解，因此評量孩子的方式就應該

能反映出這些差異。你在專題期間愈頻繁且愈能有意識地進行評量，你就愈能全面地描繪出學生知道什麼，或是還需要知道什麼。

我們從觀察、實作任務、討論、同儕對同儕的互動等評量中所蒐集到的資料，讓我們能深入了解學生的技能、知識、能力和想法。當學習被視為一個過程，並將評量貫穿在整個專題之中，而不只是在結束時，它不僅是對於學習的一種衡量，還可以跟學生一起慶祝他們在專題期間經歷的許多成長。

在本章開頭，我們提出與「專題式學習」相關的常見評量問題。現在，在你開始計劃自己的專題前，讓我們再次回到這些問題，為你提供一些思考和考慮事項（見下頁）。

幼兒「專題式學習」公開成果的意義

在考慮公開成果時，老師需要同時考慮到「公開」和「成果」。這不僅包括要思考學生將創造什麼，也包括他們將如何與他人分享他們的學習。首先，至關重要的是，你必須**將學生的公開成果與學習目標相結合，並且對於學生創造了什麼、為什麼而創造，以及他們所創造的成果如何展現出他們的學習之間，保持真實的連結。**由於學生將在整個專題中參與持續的探究，老師必須考慮如何將學生所培養出來的知

我如何創造能夠充分衡量學生學習的評量？

- 你是否已經將評量融入知識內容、學習過程、成果研發和最終成果？
- 你是否考慮過以多種方式（視覺、插畫、寫作、口語），讓學生表達他們的學習？
- 有哪些必要的評量可以和專題搭配在一起？

有哪些證據可以顯示學生理解了關鍵概念？

- 學生有多頻繁並以何種方式，記錄下學習的內容以及學習為什麼很重要？
- 你是否善用「學習小紙條」（exit tickets），以便學生能定期傳達他們正在學習的內容？
- 你是否經常觀察到學生自然發生學習的情形？
- 你是否使用照片、影片或其他科技輔助工具，來記錄班級對話或個別的諮商？

如果評量資料無法如同目前的考試方法那樣，能準確地反映學生的進展，會發生什麼？

- 你是否計畫出多種不同的評量方式（平分表、多重選擇、觀察、對話等）？
- 在專題期間，學生可以透過哪些方式參與仿照學區或學校規定的評量？

識、技能和氣質匯集到成果當中。辨別出學生的背景知識與專題前的經驗，對於專題的實施具有很大的幫助。

在「戶外教室」專題的情境下，莎拉企圖擁有一個實際真實的公開成果。除了完成這個戶外教室，她還讓學生決定如何與家人分享他們的學習成果。他們想到用照片記錄下整個設計的過程，搭配圖說製作成幻燈片，放映給家長們分享。有些學生自願在整個團體前發言，描述這個專題的步驟。接著，孩子遞給他們的家人一張地圖（圖8.2），帶他

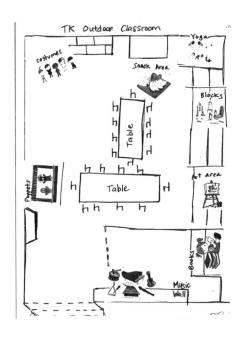

▲ 圖8.2　戶外教室地圖

們參觀這個空間，並且分享自己設計的木偶和樂器。這張地圖原本是做為學生的輔助，讓孩子記住物品位於空間裡的位置，並且提醒他們有關設計過程的多項步驟。最後，他們在戶外教室與家人共進早餐，一起慶祝、欣賞孩子所完成的一切成果。

要找到適當的公開成果可能具有挑戰性；一來它要結合對學生有意義的學習目標，而且要能夠透過持續的探究來達成，並且要合乎適性發展的條件。同樣具有挑戰性的是，要找到一群對你孩子的作品和學習感興趣的真實觀眾。因此，詢問你的學生關於他們希望如何分享他們學習成果的構想，也許會很有用。在計劃公開成果時，請考慮留下一些未定事項，好讓學生能夠有發言權。如果幼兒在決定公開成果如何分享的方式上有些影響力，他們將會更加投入。

在「戶外教室」專題中，莎拉知道會有某些類型的參觀。但是她等著看她的學生希望在最終計畫時特別想做什麼。莎拉對於她的學生提議用氣球和彩色的燈光布置教室以供參觀感到意外地驚喜（而且她事前沒有想到這一點）。他們還提議要告訴家長他們是如何設計他們的樂器，並且決定他們應該用這些樂器為來賓演奏。即使你已經決定了成果的類型，你應該以某種方式引導你的學生，讓他們覺得是自己發想出這個計畫。當老師花時間真正徹底思考過各種可能性，便能確保學生能以深刻且真實的方式參與「專題式學習」。

成果

　　成果必須與學生的學習目標保持一致，以便展現出學生**創造了什麼、為什麼而創造，以及他們所創造的成果如何與學習保持真實的連結**。在考慮哪種類型的成果最符合選定的學生學習目標時，也要考慮學生將如何與更廣泛的公眾分享他們的學習。老師必須思考，學生所創造的東西如何有助於他們回答驅動問題。考慮這個成果的實際目的與用途也很重要，以確保它能盡可能地反映出教室之外的世界所預期的用途。例如：如果專題的學習目標是學習設計過程（如設計戶外教室），孩子必須像專業的設計師那樣，使用真實的工具（點子板、捲尺、平面圖）來實際設計一個空間。

　　在最好的情況下，一個真實的成果會對這個世界產生真正的影響，就如同「戶外教室」專題所做的那樣。在這個例子裡，「戶外教室」專題的公開成果，事實上就是教室本身（提供TK的學生，以及學校裡其他許多孩子之用），不僅如此，TK的學生為家長舉辦公開慶祝活動和「迷你」導覽，這些家長同樣也是學校社區的成員，他們也可能會用得到這個空間。

　　我們建議你在初始計畫期間，可以多思考幾個公開成果的構想。針對各種成果的可能形式，例如：書寫、口語表達、媒體、藝術、科技等方式進行腦力激盪，以免我們太習

慣於第一個想到的構想。有時候，因為學生的需求和興趣，一個專題會產生多種類型的公開成果。

　　一旦你對正在思考的公開成果有了一些構想，請問問自己以下幾個問題：

- 這個公開成果是否**符合**專題的學習目標？
- 學生要做的作品是否符合**適性**發展？
- 這個公開成果是否包含**個人與小組**的元素？
- 大人是否會依照我要求學生開發或使用這個成果的**同樣方式**來使用它？
- 這個成果將用在**何處**，以及**如何**使用？
- 如果我的學生選擇某個成果，他們需要哪些支持與協助？
- 學生的身分認同、文化和個人經驗，能如何豐富他們的創作？

　　這些答案有助於引導出你的下一個決定：學生將如何向公眾展示這項成果？

公開展示

　　在決定如何公開展示學生創造的成果前，老師心中需要

先備有多種選項以供選擇。前來欣賞公開成果的人可能是家庭成員、友好班級、學校或當地社區的成員。然而，有時取決於專題所選擇的特定成果，你也許不會有一群在某個特定日期、特定時間同時出現的觀眾。取而代之的，學生可能在社區建築或企業的某家商店、自然中心、歷史建築，分享或展示他們的作品，這時前來欣賞的人就可能是由當地居民、訪客，或在其中工作的人員所組成。學生可以捐贈一本原創書籍給學校圖書館，在建築的走道前掛上一幅大壁畫或地圖，或者架設一個公共服務公告在學校的網頁上播放。雖然這並非屬於正式的「展出」，但這種成果的展示仍是公開的。

事實上，學生應該有機會受邀到教室外，與不認識的人們分享他們所學到的東西，以及他們是如何學到的。從這層意義來說，學生將成果公諸於眾，與其說是為了製作一篇報告或作品展示，不如說是為學生提供一個管道，以有意義的方式向社會大眾公開分享學習成果。我們在第七章提到，社區成員和專家可以透過提供回饋，促成師生進行反思與調整，將對專題發生重要的影響。因此，如果覺得合適，不妨考慮邀請這些外部人士，一同與你的學生慶祝並分享他們的學習成果。我們非常鼓勵你和學生在計畫學習慶祝活動時，花點心思在擬定邀請名單上。

在接下來的篇幅中，我們將列出一系列公開成果的構想和例子。請思考哪種類型的公開成果對你的專題最有意義，

例如，假設你正在思考的是有關書寫的公開成果，那麼請讀完所有關於書寫成果的建議，或考慮提出自己的構想。如果你認為由孩子創造出來的公開成果更有意義，那麼以下這份構想清單，或許能激發你更多具有創意的點子！

多元的成果展現方式

書寫成果

在幼兒教室中的書寫成果可以包括繪圖、插畫和插畫的解說（亦即，由大人寫下孩子所說的話）。如果是由學生自己動手書寫，若非必要請不用去更正學生萌芽中的拼寫技巧，有時他們自創的拼寫會增加專題的真實性。因此，未來在觀眾來訪時，也請確保他們考慮到這些書寫的目的。

- **寫信**：在幼兒教室裡，老師可以利用互動寫作時間或共享寫作時間，帶領班級共同書寫一封信。隨著學生的書寫能力更加流暢，可以進展到套用某種書信格式，直到能自己寫出一封信。例如：我們帶著學生寫信給市長，為當地社區提供解決方案的建議。
- **小冊子**：可以運用各種大小的紙張，以各種形式來製作小冊子，包括將圖片剪下來貼在上面、手繪圖

畫和數位創作。將不同的小組拆分成不同的迷你專題小組，更能幫助學生專注在專題的某個面向上，是搭建團隊鷹架的絕佳方法。例如：我們帶著學生製作一本名為《歡迎來到我們學校》的小冊子，放在辦公室前面歡迎來賓。

- **劇本：**學生可以以小組或全班的形式，共同創作戲劇、木偶戲或影片腳本。不論這些劇本未來會不會在現場觀眾面前演出，都可以先將其預錄下來等待合適時機播放，或是使用私人架設的社群媒體來傳播。例如：學生期望在學校的不同區域進行展演，例如走廊、自助餐廳或洗手間。

- **書評：**從你曾經在班級中分享過的書籍開始，邀請孩子撰寫書評或書籍推薦。例如：將學生寫的書評投稿到報紙、雜誌或上傳至部落格，也可以試著將書評張貼在學校或公共的圖書館。

- **訓練手冊：**孩子可以學習撰寫資訊式文本（操作指南），教導其他人如何完成某個特定工作。例如：我們的學生曾為下一年的班級製作各種主題的訓練手冊，教導他們如何借閱書籍、參與班級討論，以及執行教室工作。

- **書籍：**孩子可以撰寫並出版一本和他們正在學習的內容相關的書籍，並捐給學校的圖書館。例如：

我們的學生曾撰寫一本關於學校社區的字母書，並在書中畫上插畫。而在學習過關於動物的保護色之後，學生更自製一本結合藝術和動物適應能力的找找書。

- **科學研究／實驗報告**：學生可以在科學日誌中，透過文字和圖片，記錄他們的想法和觀察、獲得的成功和挑戰。例如：學生的科學日誌可以用來發展成另外一種公開成果，像是一本訓練手冊或附有標示繪圖的書籍。
- **戶外指南**：孩子可以製作一份戶外指南，並將它捐給自然中心供遊客使用。可以將這份戶外指南聚焦在某些主題，例如：透過葉子和樹皮辨別樹木，或是介紹一年四季的鳥類生態，或是介紹蝴蝶（從卵到成蟲）的生態。

口語報告成果

如果正式的報告對專題有意義，請勇於採納這種做法，因為這將是幫助學生培養公開演講技能和自我效能的機會。報告不僅是培養孩子「對著麥克風說話」的信心，也有助於孩子以一種深入且具概念化的方式，釐清他們所學習的某個主題。正式報告不僅包括要學會注視著觀眾、調整音量及語速、口齒清晰，它還需要學生練習傳達自己所理解的內容、

學習過程和成果研發。請記得，即使學生的報告仍會出現一些差錯和瑕疵，這也都是學習過程中的一部分。

　　有許多方法可以輔助口語報告。例如，我們可以使用視覺化的卡片、教具，以及在報告之前，計劃多次演練的機會。有時，錄下學生的報告會有所幫助，這樣他們就可以觀看自己，並運用觀察來調整和改進報告。如果你的學生比較習慣用錄影呈現，而不是現場報告，那麼預先錄製和播放口語報告影片會獲得較好的效果。你可以選在家長齊聚在詩歌咖啡館時播放，或是來賓正在參觀教室或活動時播放。如果想呈現的是唱歌或跳舞，而且你的學校有音樂或藝術表演領域的老師，你可以拜託他們撥出時間陪學生進行預演、提供回饋或是素材給學生，以協助這項專題的成品。

- **演講：**在班上學生研究過某個主題，並發展出觀點、建議或事實的陳述之後，老師可以挑選一個公開的平台，讓學生分享他們的作品。例如：讓學生在學校或社區活動的大會上發表演講。

- **辯論：**針對某個有待辯論的主題，自己選擇或被指定某個觀點後進行辯論。在整個專題中，經由研究、分析以及模擬，來為辯論做好準備之後，孩子可以使用開放論壇的方式來討論這個話題。例如：學生可以從學校午餐、下課時間的選擇，或飼養一隻班級寵物等主題中選擇辯論的主題。

- **戲劇、音樂、歌曲或舞蹈：**使用專題的內容或以藝術創作，做為教育或娛樂他人的媒介。例如：請學生為一小群觀眾、學校或社區的活動進行演出。
- **賽詩大會或詩歌咖啡館：**讓孩子在小型的溫馨環境中，向友好班級、低年級學生或家長分享自己的詩作。老師先引導學生從特定概念或主題出發，自行選擇詩的主題，並介紹各種詩歌體例，包括不受押韻及格律限制的自由詩（free verse）。當學生累積多首作品後，讓學生自行選擇數首於活動中分享。

媒體、藝術和科技成果

如果你的學校有藝術或媒體領域的專家，不妨善用這些資源人物的專業，讓他們帶領學生透過合作和腦力激盪提出構想，這將是幫助學生進行專題作品的絕佳機會。

- **製作錄音／Podcast：**帶著孩子一同錄製原創的故事或Podcast。錄製內容盡量以學生可以輕鬆表達的寓言、童話、童話片段，或個人的敘事為原則。
- **幻燈片展示：**請學生負責拍照，並為一小群訪客或來賓製作／放映一場幻燈片秀。這樣的成果展現囊括藝術的元素、學生正在學習的相機和數位攝影相關知識，以及所有內容領域的學習。
- **繪圖／畫畫：**創作原創的藝術作品、著名藝術家風

格的藝術作品或古典藝術等等。學生的藝術作品可以在教室、學校或當地的藝廊展出。如果無法在這些作品旁邊標示孩子對藝術作品的描述，或是當訪客觀賞這些藝術作品時，孩子也無法親自與參觀者交流，那麼創建學生藝術家談論他們作品的QR code，會是一個替代方案。

- **影片／動畫**：鼓勵學生撰寫卡通故事腳本並拍成動畫，利用這些內容或主題做為他們作品的基礎。學生會將他們所學到的神話、童話或傳說，轉變成數位說故事的形式。

- **網站**：將學生的藝術作品、媒體製作、文章部落格或影音部落格的內容提供給學校網站。許多公開成果可以調整成在社群媒體上展示，不管是進行中的作品或是最終成果都應該被列入考慮。學生可以透過撰寫每週更新的部落格，或是在來賓演講或實地體驗之後張貼出照片，隨時讓學校裡的其他人了解他們的專題過程，也可以一次發表所有的內容，然後定期或在約定時間內有系統地發布內容。例如：如果學生正在創建某個公共服務的公告，並且被期待要寫出腳本，那麼每週一都可以推出一份不同的腳本，並可持續數週，進行時間則取決於班上有多少學生。

- **漫畫**：可以帶著孩子以專題期間的學習內容為主題，來創作原創漫畫。也可以輕鬆自在地選擇各種內容領域的學習內容，例如：月相、花園的收穫、牙齒矯正醫師之旅或專家來訪等。

創造型成果

家長或其他資源人物若能提供支持與協助，將為孩子在進行創造型成果時帶來絕佳的學習機會。老師可以問問看有哪些家長手很巧，很享受於創作，並且在專題進行期間有空來班上協助。除了家人以外，當地的職人、念工科的高中生，以及教工科的準教師都是寶貴的資源人物。

- **小型模型**：利用回收材料、黏土或其他素材製作小型的模型。例如：請學生分享自製玩具的設計。

- **消費品**：製作產品到學校或學校活動中進行販售。學生之所以會認同這個目標，是因為他們了解他們有一個真正的募款目的，例如：為班級寵物購買飼料、捐款給慈善機構等等。

- **裝置／機器**：開發／建造某種機器或裝置，以執行特定的工作或解決某個問題。學生可以創建原型、嘗試用3D列印機列印出來某種設計，或是學生設計用來實際解決某個問題的任何東西。

- **發明**：設計並生產一項發明。例如，學生設計一項

發明來幫忙解決惡劣的天氣、班級雜務，以及教室內的任何大小問題。

- **博物館展覽：**以博物館中的某個主題構想一個展覽，試著調整博物館原本的呈現方式，但必須符合原本的展品設定。例如：我們的學生曾透過製作雕塑、使用多媒體、創作照片拼貼等方式，向他們生活中的英雄致敬，這些英雄人物包括他們國家或社區的名人或歷史人物。
- **花園：**規劃和照顧學校的花園。學生應該參與花園規劃的大部分決定，包括：要種哪種植物、植物要種在哪裡、澆水的時間表、收成的時間表等。

計畫型成果

- **提案：**學生可以用文字、圖像、比例圖等，草擬一份提案。例如：學生針對如何增加或改變學校的空間、設計自己的教室，或調整學校的程序，提出實際可行的建議。
- **藍圖／設計：**學生為學校的實際空間或為了滿足社區的需要，負責研發設計構想。例如：由學生在操場或走廊上畫一幅壁畫、讓遊戲器材可以更靠近操場的構想、將學校的某個教室變成另一個可供孩子使用的區域。

- **計劃活動**：學生被賦予任務，要為班級、年級或學校計劃活動。例如：自行車競技表演、學校運動會、班親會或詩歌之夜。

其他的點子

- **時裝秀**：根據學生的年齡和可取得資源，由學生製作一般尺寸或更小尺寸的服裝，來穿在公仔或洋娃娃身上。例如：學生穿上原創服裝走秀。
- **障礙賽／迴路**：孩子可以為同儕或其他班級設計一個室內的運動體驗。例如：規劃路線或一套動作，並教導其他同學。這個活動可以在休息時間、室內下課時間或是下雨天時進行。
- **地圖**：孩子可以製作他們學校或教室的地圖，掛在學校的入口處，或是協助引導訪客。學生可以繪製從教室到各個地方（如音樂室、自助餐廳、體育館）的路線圖，或是發展消防安全逃生路線的地圖設計做為實際之用。
- **模擬活動**：如果學生因種種原因無法參與各種真實的體驗，例如沒有機會邀請觀眾或是真實情境不容易取得時，那麼舉辦模擬活動會是個不錯的選項。例如：請學生設計玩具，並舉辦模擬「玩具展」，向其他學生展示和推銷自己設計的新玩具。當學生

完成任何新發明之後，還可以模擬申請專利，例如向家長會或教師會報告他們的專利申請和提案。

以上提出的公開成果類別主要改編自《專題式學習入門工具箱：切中要點的建議、工具和訣竅，提供給你的第一個初中或高中專題》（*Starter Kit:To-the-Point Advice, Tools and Tips for Your First Project in Middle or High School*）（Larmer, Ross, & Mergendoller, 2009）。用於幼兒「專題式學習」單元的公開成果例子，則是由作者自行發想。

戰勝誤解

　　在計劃專題時，我們必須考慮如何利用持續、及時和有意義的評量機會，為教學提供資訊，並監測學生在創造真實公開成果上的進展。這包括尋找方法評量學生的知識和對內容的理解、他們在學習過程中的成長和發展，以及他們評估自己的專題和同儕專題的技能。公開成果的目的，在於向孩子呈現他們的新知識和技能如何與世界相關聯，而不是為了「作秀」。而評量的目的，則在於引導我們的教學，並幫助孩子推動自己的學習。不論是「專題式學習」的公開成果或是評量，都在邀請學生加入學習的過程，也因為如此，他們對於自己做為學習者的身分，將有更深入的了解。

結語：邁向成功

幼教老師對於「專題式學習」的假設和誤解（如本書每一章開頭所呈現的教師感受與迷思），經常阻礙「專題式學習」在幼教教室裡成功實施的可能性。這導致老師們很容易將他們過去的經驗與感受，總結成一個穩固的信念：「專題式學習」在幼兒的學習環境中是無法行得通的，因為孩子們還太小了。然而，當你在閱讀本書中的「戶外教室」專題故事時，你會發現，莎拉老師的孩子們都只有4、5歲，但是他們仍然能夠做很多事情。莎拉是怎麼想的呢？

莎拉並不擔心學生還不會讀或寫。
相反的，她知道孩子剛萌芽的讀寫技能，包括初期的音素意識、具象的圖畫，以及說和聽的能力，都可以以目的性方式統整到任何專題之中。

莎拉並不擔心學生還太小，無法自己做研究。
相反的，她善用孩子天生的好奇，幫助學生形成和釐清他們的問題，提出實際的建議去尋找和發現答案，並且分享新知識。

莎拉並不擔心學生需要協助，才能獨立工作並與其他人合作。

相反的，她知道每個年齡層的孩子都正在發展SEL能力，而這種能力與課業學習密不可分。因此，不論是在專題的情境之內或之外，莎拉會花時間明確地教導和輔助孩子這些能力的發展。

莎拉並不擔心學生說多種不同語言、來自不同的文化背景，而且入學前的經歷各不相同。

相反的，她知道她需要讓學習過程的每個面向，都易於理解並有所區分。她知道最終成果要強調的是學習的過程，並透過多元的方式分享，讓學生能在相關情境中展現其理解力。

莎拉並不擔心學生一開始會對闡明想法、反思作品，以及在需要時做出改變感到困難與挫折。

相反的，她知道反思需要練習，有許多方法可以請學生增加或修改一、兩個小地方，讓作品更為優秀。她知道學生會喜歡給予並接受回饋，特別是透過對話，比較現在做得到與過去做不到的事情，來了解自己在學習過程中獲得多麼大的進步。經由回饋，他們會注意到自己的成長，並談論他們想改進的地方。

在幼兒「專題式學習」中取得成功，關乎於你是否認可、尊重和善用孩子的能力。每一位進到你教室裡的孩子，都具備參與「專題式學習」所需的基本技能。重要的是，了解你的孩子，找出對他們而言有意義的事情，思考什麼能吸引他們、激發他們的潛能，以及什麼可以連結起孩子與同儕之間的關係。

當你與孩子一同踏上「專題式學習」旅程時，首先要堅守住以下信念：

- 辨識出你的孩子所知道和想知道的事，把你想發展的專題建立在他們的興趣之上。

- 以你的學生為中心，搭建起教室的環境、你的計畫、以及你尋求建立的社群。在你能力所及的情況下，將課程內容有意識地統整在一起，並隨著專題的展開，對意外的發展保持開放的態度。

- 透過所有具目的性和相關性的教學引導，來培養孩子剛啟蒙的讀寫能力，並隨著專案的進展，幫助學生建立並持續探究的能力。

- 鼓勵學生與他人合作，並在他們努力因應挑戰時，讓他們的意見被聽見。

- 激勵學生學習技能和知識，以創造出真實的公開成果。過程中，要透過傾聽、建立關係、為學生搭建鷹架和給予支持。

關於幼兒如何發展、溝通以及如何能獲得最佳的學習，請相信你的知識，並信守這些做法和價值。正因為你堅信這些價值，得以造就你成為一名專業的幼兒教育家。這些價值與信念將會深深地影響著你教導的孩子，而這些孩子也會反過頭來教導著你。

致謝

　　本書誕生於PBLWorks（前身為Buck Institute for Education）全美教師會高峰會所發展與推動的工作坊會議。感謝Becky Hausammann看到彼此合作的可能性，並促成美好的夥伴關係，同時感謝John Larmer幫我們與Routledge出版社聯繫，以及PBLWorks國家教職成員和同仁對我們的啟發與鼓勵。我們在全國各地開設PBLWorks工作坊和輔導訪問期間，遇到許多老師與夥伴，他們對於本書的貢獻良多，特別是德州柏克伯內特（Burkburnett）的幼教團隊。

　　在著手撰寫本書時，許多人對於我們的早期研究與內容提供協助，包括：Sara Beshawred, Michelle Cantrell, Amanda Narconis, Suzie Boss, Alison Kerr, Hillary Johnson, Dana Roth, and Mari Lim Jones；以及在最後階段提供協助的Alek Lev, Teresa Dempsey, Sabina Anderson, Erin Gannon, and Kari DeJong，感謝他們提供善意、有用和具體的回饋。他們的真知灼見對我們無比珍貴。

莎拉要感謝……

　　濱河街教育學院（Bank Street College of Education）所有

的老師，特別是 Alice Mangan, Judy Leipzig 和 Sal Vascellaro，
他們對我選擇幼教職涯發揮了莫大的影響，啟蒙了我對於教
學樣貌的想像，為我指明正確的道路。

霍利格羅夫（Hollygrove）拉奇蒙特特許學校
（Larchmont Charter School）第一屆銜接型幼兒園的孩子和家
人。感謝 Amy Held, Alissa Chariton, Eva Orozco 和拉奇蒙特特
許學校的教師和同仁，謝謝他們協助「戶外教室」專題，特
別是音樂老師 Malcolm Moore 和美術老師 Andrea Ramirez。
謝謝 Laura Garland 一直做我的諍友與好友。謝謝 Victor 和
Audrey Yerrid, Lisa Freeman, Andrew Zack, 和 Heather McIntosh
為這個專題所貢獻的才華和專業。

感謝我所有的家人支持我對於工作的熱愛與興趣，特
別是我的父母 Gene 和 Barbara Ridberg，我的兒子 Zachary 和
Chaplin，謝謝你們了解這本書對我的重要性，讓我有時間可
以在清晨寫作，在咖啡廳裡待上幾小時，也謝謝你們鼓勵的
話語。我的丈夫 Alek，謝謝你成為我的伴侶、編輯和精神支
柱。你清晰的視野和發人深省的問題，激勵我成為一位更好
的作家，甚至成為一個更好的人。

阿曼達要感謝……

已故的 Jan Drees，一位真正有遠見的教育家，專研有
關學習和大腦發展的研究，並在市區（非住宅區）創辦一所

學校。他是一位真正的創新者，我很幸運有機會和他一起工作。感謝我的同事，他們就像是我在德斯莫恩（Des Moines）的家人，謝謝你們與我共享美好時光和寶貴資源。採用先進的教學策略是一件具有挑戰性和耗費心力的事，但是我們對此絲毫不慌亂，凝聚眾人決心，發揮團隊效能。感謝每一位進到我教室裡的孩子，以及我有榮幸得以服務的家庭。願每一位孩子能因為我們共享的時光而站得高一點，能勇敢地說出自己的心聲，找到一種對世界發揮正面影響力的方式。

我的丈夫Aaron一直都是我最大的支柱。他總是傾聽我，並給我時間和空間去追隨我的夢想。感謝我的家人給予我最大的支持，因為你們貢獻出寶貴的時間、才華和資源，我的學生才得以獲得這麼棒的學習體驗，同時感謝你們每次講述關於市中心學校（Downtown School）的故事時，也將PBL的資訊傳播給其他人。

艾琳要感謝……

感謝在教育這條道路上，那些不斷激勵我，讓我成為一個積極、充滿能量的人。莎拉和阿曼達是天底下最棒的共同作者，妳們的聰明才智、工作倫理，以及對於學習者的熱情，總讓我驚嘆不已。能和妳們一同運用文字，將莎拉的故事生動地重現在書中，並且與世界各地的師生一同分享PBL的威力，是我最大的榮幸。

感謝我在艾柏林基督大學（ACU）的教授Dana Pemberton、Julie Douthit和 Stephanie Talley，在2009年將我引薦到PBLWorks。沒有你們的指導和鼓勵，我不會有今天。謝謝我的良師益友Cynthia Evans，從一開始就深刻地影響我的工作，教導我要創造更多、付出更多，而且要玩得開心，因為我們的學習者值得！我也要感謝我陪伴過的過去、現在和未來的學習者們，你們將會讓世界變得更美好，我衷心感謝能夠成為你們人生旅程中的一份子！

我的祖母和祖父Barbara 和C. G. Gray，我從你們身上學習到，永遠要對最需要你的人伸出援手，而我也將秉持著這個信念，帶給學習者同樣的自由。謝謝我的丈夫Seth，一直對我保持信心並支持我。還有我的寶貝Lincoln和Margot，你們對於生活和學習的純然喜悅和興奮，激勵著我要盡己所能，將自己最珍貴的寶物傳授給有朝一日可能會教導你們的人。

附錄：專題計畫書

*楷體字是在專題過程中增加的。

1. 專題概況

專題名稱	戶外教室		
驅動問題	我們如何創造出一個可以遊戲和學習的戶外教室？	公開成果	**個人** ● 點子板 ● 木偶劇場設計和木偶人物 ● 樂器設計（2D繪圖和3D模型）
年段	過渡性幼兒園		**團隊** ● 全班合作設計的教室平面圖 ● 小組向家長和家庭成員展現教室其中的一個區域
時間	6-8週（取決於投入專題的時間）		
專題摘要	學生將會設計一個戶外教室空間。在與設計師會面，並學習設計相關過程之後，他們會為新空間擬定一個計畫。孩子將合作創造所有不同的區域，這可能包括（根據學生的建議）木偶劇場、彩繪壁畫或音樂區。學生設計並創造這些空間，整合了社會研究（製圖技能）、科學（工程／設計）、數學（幾何）、讀寫能力（音素意識／說和聽），以及社會與情緒技能（採取主動和合作）。		

2. 學習目標

	課程標準	讀寫技能
加州學前教育基礎	• 5.1 SED：更加主動地發現新事物，找到新的解決方案，並堅持不懈地嘗試解決問題 • 1.0–2.1 Geometry：孩子在日常環境中辨識和使用各種形狀，組合不同的形狀來創作圖片或設計，擴大他們對空間位置的理解	語言和讀寫能力（聽和說）1.0：語言使用與慣例
各州共同核心課程標準	• Social Studies K.4：學生對比和比較人物、地點和環境所在的位置，並描述它們的特色（使用遠近、左右、前後等術語，確定物體的相對位置） • 幾何學：CCSS.MATH.CONTENT.K.G.A.1-6 辨別和描述形狀；分析、比較、創造和組合形狀 • 科學：K–2-ETS1-1 對於人們想要改變的某種情況提出問題、進行觀察，並且蒐集資料，將其定義成一個可以透過開發或改善某種新的物件或工具來解決的單純問題	說和聽：理解和合作 CCSS.ELA-LITERACY.SL.K.1：與各式各樣的夥伴，就幼稚園相關的主題參與合作對話 音素意識：CCSS.ELA-LITERACY.RF.K.2：展現出對口語、音節和聲音（音素）的理解 讀寫能力：CCSS.ELA-LITERACY.RL.K.3 在提示和協助下，辨別故事中的人物、背景和重大事件 報告知識和構想：CCSS.ELA-LITERACY.SL.K.4 描述熟悉的人物、地點、事物和事件，在提示和協助下，提供更多的細節 CCSS.ELA-LITERACY.SL.K.5 根據需要加上繪圖或視覺呈現，以提供更多細節。 CCSS.ELA-LITERACY.SL.K.6 用口語清楚地表達看法、感覺和構想

	關鍵字彙 超過／低於、左／右、後面／ 前面 設計點子板、木偶師、指揮、 作曲家 音節、材料、音量、樂器、模 型、人物、特徵、描述	成功技能評分表 口語溝通（報告技巧） 訪客提問評分表 針對樂器和模型，自創的 專題評分表

3. 專題里程

　　這張表是對本專題架構的完整概述。莎拉在最初的計畫中就已經完成部分課程規劃，但也留下一些空白，留待專題進行過程中探尋孩子感興趣的主題，再將空白部分逐一填補完成。所以當你剛開始計畫專題時，可能會感到有些地方不知道該寫什麼，這是理所當然的，而且是件好事。你需要的是設定一個整體願景、清楚的學習目標，以及為你們的公開成果尋找一個強而有力的構想。請思考如何以真實的方式，將相關內容與 SEL 能力整合在一起。

	專題里程	待解決的關鍵問題	形成性評量
# 1 （2天）	入門活動 探索戶外教室預定地、產出構想（附帶圖片）及須知問題	我們可以在我們的戶外教室添加什麼，讓它成為一個更趣的地方來學習和遊戲？	• 用圖表畫出學生的構想、建議和問題 • 將學生的名字列在他個人貢獻的意見旁邊 • 畫出一個構想（個人）
# 2 （4天）	設計計畫， 向校長呈報提案	我們如何用圖片來呈現我們規劃的區域，以及它們所在的位置？	• 個人的點子板 • 戶外教室平面圖 • 和學生一對一會談，描述這個空間（個人）

# 3 (3天)	壁畫	我們如何一起彩繪一幅壁畫，讓我們的戶外教室更加五彩繽紛？	• 完成的壁畫（團隊）
# 4 (3天)	木偶劇場和原創的木偶人物	我們如何製作木偶劇場，以及可以在我們的木偶劇場裡演出的木偶？	• 使用各種形狀完成設計（個人） • 附帶人物描述標示的木偶人物草圖（以及完成的襪子玩偶） • （個人）
# 5 (5天)	樂器設計（2D和3D模型）	我們如何為我們的音樂區設計自己的樂器？	• 實地考察地點的尋寶遊戲和觀察表單（團隊） • 在紙上完成的樂器設計圖，包括修訂的內容，以及完成的3D模型（個人）
# 6 (5天)	**公開成果** 報告和慶祝學習成果	我們將如何與我們的家人分享我們的學習成果，以及我們戶外教室的各個部分？	• 小組報告戶外教室的區域，以及個人的木偶和樂器（團隊）

4. 專題行事曆

驅動問題：我們如何設計出一個可以學習和遊戲的戶外教室？

第 1 週 專題里程 # 1：入門活動
(2 天)　探索戶外教室，產出關於可以添加哪些區域的構想清單，產出學生所須問題清單，以推進設計的過程

待解決的關鍵問題：我們可以在我們的戶外教室添加什麼，讓它成為一個更想學習和遊戲的地方來學習和遊戲？

	學習目標／結果	課程步驟	搭建鷹架	形成性評量	反思
第 1 天	學生將會針對他們的教室產出一張可能的構想清單，並進出一個構想來繪製／呈現和標示（學生的口述，老師記錄）。	邀請學生去探索這個空間，玩玩那裡的東西，然後回來，並進出一個構想讓這個空間更有趣？你們希望添加些什麼？用圖表列下學生的想法。	• 在戶外教室空間進行這堂課，以提供情境／視覺線索給有需要的學生。 • 示範畫出清單上的一兩個構想（或選擇一些不在清單上的構想），以免學生模仿老師的構想。 • 向學生展示其他戶外教室間的照片，以幫助他們形成構想或營造情境。	將學生的名字列在圖表上，記錄他們個別建議的構想旁邊。 每位學生去創見建的一個教室區域，並讓它由學生口述他／她的想法）。	
第 2 天	學生將產出一張問題清單，以幫助他們邁向回答驅動問題的方向前進。	學生回顧最初的構想清單（來自第一天），以反思所繪製的圖畫。產出一張問題清單。提問：為了創造一個我們可以在戶外教室，和遊戲的戶外教室，我們用圖表畫下學生需要知道什麼？「須知」的內容。	母語非英語的學生(EL)會先回顧構想的名字。在圖片／圖表或 EL 指定的字卡（在指定的一天中其他時間段預覽）。使用圖片或如物件（例如：「積木」或「桌子」，照片等），介紹任何新的字彙。如果學生提出的是某個建議或觀察，而不是問題，請利用陳述語言來協助他們將它們改成一個問題。	在每個學生提出的問題旁邊列出提問學生的名字。讓每位學生都能就他們所觀察到的內容提出一個問題？	全班分享：「你認為哪些問題是最重要的？」引導學生思考哪些問題應該優先將回答哪些問題。可以將問題寫在個別的索引卡上，讓大家討論並排出優先順序，以決定哪些構想應該先執行（也可以在後續幾天內完成）。

提醒：可以尋求有經驗或具備其他專業的老師共同合作，例如：如果老師共同合作彩繪，那麼美術老師可能有些很好的構想。我們的美術老師就對孩子如何彩繪櫃子及創作牆面提出了很好的建議。打造專題牆面的目的，是要強調出驅動問題和學生初始的構想清單。

4. 專題行事曆（續）

驅動問題：我們如何設計出一個可以學習和遊戲的戶外教室？

第 2 週（4 天）	專題里程 #2：教室設計、製作平面圖、向校長呈報提案

待解決的關鍵問題：我們如何用圖片來呈現我們規劃的區域，以及它們所在的位置？

	學習目標／結果	課程步驟	搭建鷹架	形成性評量	反思
第 1 天	學生將從一位室內設計師那裡學到關於設計的過程。	1. 室內設計師到訪，並與班級分享設計的流程。 2. 在對他們展示了「點子板」的樣本之後，孩子開始運用點子板和圖像（從 Pinterest 或其他來源）來選擇對戶外教室期待的樣子。 3. 設計師在初始的點子板上提供可能的回饋。 4. 學生開始想像這個空間以及可能的配置。 5. 學生和某位夥伴分享點子板。	• 從學生最初的構想清單中，預先選出並剪成各種圖像（例如一個點心區）做為一個起心點子，就建議找做到不同大小與形狀的桌子，並且將它們排列好。 • 專家或老師可以示範不同的構想選擇。 • 針對程度較好的學生示範示個別的圖像，並且鼓勵學生也這麼做。 • 互相示範：如果有兩個人想要用同一張圖像，但是沒有多餘的，該怎麼辦？	學生和某位夥伴分享點子板。如果學生希望用手指的方式，或只想舉起點子板給朋友看，這可以透過非言語言的方式完成。 ★學生和某位夥伴分享點子板。	全體： 選擇構想想很難嗎？為什麼選擇這個或那個構想？

第2天				
學生將查看所有的點子板，並且合作挑出最終至平面圖。他們將進行戶外教室繪製自己的計畫（或使用將剪下的圖片），然後將它們放在一張「地圖」上，顯示出他們想把它們的位置放在何處。	1. 老師主持一場討論，主題環繞在如何「協調」並挑選出彼此的構想。 2. 討論的構想，「我們如何聆聽彼此的構想，並且尋找共同點？」（尋找我們都可以同意的事項） 3. 利用事先剪好的圖像和大型海報／地圖，老師示範與合作夥伴對話並尋找共同點。 4. 討論應該選擇什麼，以及應該如何配置位置（使用事先剪好的學生圖像，這些圖像與相應的構想清單是相對應的）。 5. 老師主持一個全班的討論，並且幫助學生協調／達成一個共識，創建出一張新的大型地圖。 6. 老師為學生示範他們如何使用事先剪好的圖像，以決定元素應該配置的位置。	• 在戶外教室進行這堂課，以便學生可以在這個空間中走動。這將有助於他們想像要將東西配置在何處，以及交通動線的安排等等。	全班描繪出他們為戶外教室商定好的所有區域。 可以顯示出東西可能配置在戶外教室何處的個別「平面圖」。	

第3天	學生寫信給校長，提出了他們戶外教室的設計方案。他們如何請校長表達／朗讀這封信，並且回答相關問題。	1. 全班互動寫作期間：「我們如何請問校長，我們是否可以設計戶外教室？」 2. 帶動學生的建議討論，並將口述內容寫成書信。 1. 信件完成後進行角色扮演，模擬校長提問，並由孩子回答問題。	• 使用圖片搭配寫作。 • 可讓程度較好的學生拼寫字母或常見詞。 • 介紹來自PBLWorks的報告評分表技能。我們可以練習其中的一些嗎？以便校長來的時候，我們可以說服他們設計一個新的戶外教室。	複習一些報告技巧。你對每一種技巧感覺如何？（大拇指朝上／朝向一邊／朝下）。
第4天	學生遞送他們的提案信給校長，以獲得他們的認可。	1. 校長來訪。學生朗讀信件。(老師根據需要提供幫助)展示平面圖和戶外教室。 2. 學生回答問題。		

提醒：事先和訪客聊一聊，討論這個計畫並詢問他們可能會帶來的實作工具。在呈現任何構想之前，先與學校行政人員釐清可能性，以便孩子無論提出什麼建議，答案都是「可以」。

4. 專題行事曆（續）

驅動問題：我們如何設計出一個可以學習和遊戲的戶外教室？

第3週（3天）

專題里程＃3：壁畫

待解決的關鍵問題：我們如何可以一起彩繪一幅壁畫，讓我們的戶外教室更加五彩繽紛？

	學習目標/結果	課程步驟	搭建鷹架	形成性評量	反思
第1天	學生明白「合作」意味著什麼。	1. 使用團隊合作評分表（PBLWorks），解釋「合作」這個字的意思。 2. 積木挑戰活動：孩子需要以小組的形式，合作建造一棟建築。這棟建築必須有進出的通道，而且要有兩層樓。 3. 角色扮演/互相示範合作（團隊合作）技能。 4. 團隊一起建造這座建築並且對外分享。		自我評量：在反思每個人身為團隊成員的表現時。（將大拇指朝上/朝向一邊/朝下。）	
第2天	學生了解不同的藝術家和他/她的風格。	孩子計劃他們的壁畫設計。			
第3天	學生合作彩繪他們的壁畫。				

4. 專題行事曆（續）

驅動問題：我們如何設計出一個可以學習和遊戲的戶外教室？

第4週 (5天)	專題里程＃4：木偶劇場和自創木偶人物			

待解決的關鍵問題：我們如何製作木偶劇場，以及可以在我們的木偶劇場裡演出的木偶？

	學習目標/結果	課程步驟	搭建鷹架	形成性評量	反思
第1天	學生會用預先剪好的形狀創作木偶劇場的設計。	1. 學生查看原創的木偶劇場設計。 2. 討論：你注意到什麼形狀？你看到什麼形狀？ 3. 老師示範使用這些形狀設計自己的木偶劇場。 4. 學生選擇形狀，在紙上設計自己的劇場。	有些孩子可以自己剪形狀，有些則會使用預先剪好的形狀。	查看（商議）：「你用的是什麼形狀？你能告訴我關於你的設計嗎？」	孩子與夥伴，或是小組分享孩子與設計。
第2天	學生使用預先切好的木頭協助搭建木偶劇場。	1. 孩子查看這些木頭，並說出形狀的名稱，並分享他們注意到什麼。 2. 在可能的情況下，孩子幫忙把部件組合在一起；用釘子釘，或握住、或至少觀察大人怎麼蓋這個建築。 3. 如果彩繪這個劇場是個選項，孩子可以決定顏色，並幫忙完成這件事情。			我們用什麼形狀來建造我們的劇場？它與我們的設計有何相同或不同之處？

| 第3天 | 孩子將了解什麼是「人物」，並從他們熟悉的故事書中，回顧一些他們最喜歡的人物。 | 1. 迷你課程：什麼是人物？我們最喜歡的一些主要人物是誰？如果我們了解了人物，並且我知道怎麼描述他們，那麼我們可以創造我們自己的木偶人物來演出嗎？
2. 孩子討論人物並描述他們。聚焦在不同的特徵。（內部 vs. 外部的特徵）。
3. 老師示範畫出某個人物，並且標示上不同的特徵。例如：「喜歡笑鬧花」或「一副傻笑的樣子」。
4. 孩子選擇一個人物（來自某本書、來自他們的想像，或來自真實生活），並且畫出人物的圖片。
5. 然後他們至少想出該人物的三個特徵，並口述下來。這可以做為他們木偶設計的範本。 | 讓母語非英語的學生預覽不同書籍，了解「人物（character）」、「描述（describe）」等字彙。 |

第4天	孩子從專業木偶師那裡學習和木偶戲相關的知識。他們學習如何製作木偶，以及如何在他們來演出一個故事。	1. 木偶師帶著他的木偶到班級，並且分享過程了一點它的製作過程以及我們可以如何製作木偶，他演示如何巧妙地操縱木偶。 2. 學生有機會使用他的木偶來練習。 3. 孩子請教關於創造木偶人物的須知事項。	孩子製作感謝卡給木偶師，繪製這次訪問所所學到的圖畫，並分享他們所學到的東西。
第5天	孩子根據他們原創的草圖/設計製作木偶。可以由不同的材料製成，但木偶是一個簡單的基底，可以再加上羽毛、塑膠大眼睛、織物和紗線之類的東西。	1. 每一位學生根據他的繪圖設計製作一個襪子木偶。 2. 孩子嘗試搭配上人物的聲調、動作和對話。 3. 孩子有機會以小組的形式上演木偶戲。 4. 將木偶放在靠近木偶劇場附近的一個箱子裡。	如果可以找到美術師或家長志工，請他們以小組或一對一的形式，協助學生製作他們的木偶。

提醒：本週每天為孩子朗讀一至兩則角色性鮮明角色特性的故事，例如：莫·威樂（Mo Willems）的《大象與小豬超級好朋友》系列（Elephant and Piggie book）、派蒂·洛維爾（Patty Lovell）的《站得高高的》茉莉（Stand Tall, Molly Lou Melon）、瑪莉·霍夫曼（Mary Hoffman）的《了不起的妳》（Amazing Grace）、曼羅·里夫（Munro Leaf）的《萌牛費迪南》（The Story of Ferdinand）等等。如此一來，學生在第三天正式設計自己的木偶時，將有一系列深受喜愛的人物可供參考。

4. 專題行事曆（續）

驅動問題：我們如何設計出一個可以學習和遊戲的戶外教室？

第5週 （5天）	專題里程＃5：樂器設計

待解決的關鍵問題：我們如何為我們的音樂區設計自己的樂器？

	學習目標／結果	課程步驟	搭建鷹架	形成性評量	反思
第1天	學生將探索各種樂器，考慮音量、材質、形狀、大小，以及它們如何演奏。	1. 團體迷你課程：你知道哪些樂器？孩子腦力激盪出一張樂器清單。 2. 孩子探索各種樂器。 3. 以教伴形式，孩子分享關於每種樂器的觀察。 4. 一起繪製圖表，列出被探索的樂器之間，其相似與不同之處。	讓母語非英語的學生先學習相關字彙，例如：「搖晃」(shake)、「彈奏」(strum)、「敲打」(hit)、彈、撥 (pluck) 等。		「你最喜歡哪種樂器？為什麼？」、「你最不喜歡哪種樂器？為什麼？」或是「當你聽到不同的樂器時，你有什麼感覺？」
第2天	作曲家到訪這個班級。孩子了解一個與音樂相關的工作，以及一個特定製作樂器、它的特色、它的製作材料，以及如何保養它。他們有機會提出關於音樂的問題，以了解更多關於它的知識。	1. 一位作曲家來訪，並且描述他的工作，並與他們聊到他如何指揮演奏他們的作品。 2. 孩子與作曲家共同演奏樂器，並提出問題。（提問是在使用評分表和練習／同儕回饋的輔助之下進行的。）		讓孩子寫出或畫出一頁關於這次來訪的過程，並集結成一本班書。	

第3天	孩子設計一個原創的樂器。	1. 我們如何為我們的音樂區設計我們自己的樂器？孩子考量到所有他們已經學習到的特性。 2. 老師示範思考每個元素並填寫了一張設計表（見下文）。 3. 工作時間角落：老師一次會談兩三名學生，而其他學生則參與工作時間角落的活動。可能包括以下角落： • 安靜的樂器演奏 • 聆聽角落（用耳機聆聽不同流派的音樂） • 樂譜創作或探索：（使用貼紙、範本或自創） • 瀏覽有關樂器的非小說類書籍	• 老師向學生朗讀「樂器設計表」，並幫助他們思考每個元素（在他們畫出原創標示樂器圖片之後）。 • 協助標示樂器不同部分的圖片。	學生在紙上的設計。	學生跟全班分享他們設計的一兩個細節。
第4天	孩子拜訪一家樂器行，並比較、比辨別不同的樂器。他們也有演奏各種樂器的機會。老師先參觀樂器行。 *行前：老師先拍照，向店家經理說明期望。	學生拜訪這家樂器行。 1. 讓孩子以小組形式探索這家商店及各種樂器。 2. 店家經理與學生交談，讓學生有機會提問。 3. 學生參觀樂室，會見音樂老師並提問。	• 由老師策略性地進行分組，每組不超過三個孩子。 • 尋寶遊戲：行前先製作一張「T形圖」，讓學生思考「我們預期會看到什麼？」及「我們希望能看到些什麼？」	孩子在紙上修訂他們的樂器，至少添加或更改一個地方。	以圖表回答：我們看到了什麼？我們學到了什麼？稍後，老師分享這趟旅行的照片，然後學生將它依順序排列，並口述圖說。然後將它做成一本班書重新閱讀，並且保存在班級圖書館裡。

| 第5天 | 孩子以小組的形式與美術老師合作，製作他們的樂器的3D模型。並讓他們將樂器放在戶外教室音樂區的藍子裡。 | 1. 從樂器行回來之後，孩子修訂他們的樂器。
2. 他們必須根據他們所學到的細節，至少增加或改變兩個地方。
3. 當這項工作完成，他們可能會和美術老師以及／或某位老師，製作他們樂器的3D模型。
4. 孩子思考樂器的大小、形狀、材料，以及如何演奏。
5. 將樂器放置在音樂區。 | 用描好或剪好的形狀協助某些學生。 | 3D樂器設計。 | 孩子一起分享和演奏原創的樂器。
可能的反思主題：
「製作它的時候有遇到什麼挑戰？」
「當你面臨這個挑戰時，你做了什麼？」
「你最自豪樂器的哪一個部分？」 |

提醒：老師應提前拜訪這家樂器行，拍攝樂器照片以向學生展示。當天可以進行小組尋寶遊戲，也可以只讓學生「找一找」這些樂器。關於3D樂器模型，請盡早開始蒐集鬼集材料。

4. 專題行事曆（續）

驅動問題：我們如何設計出一個可以學習和遊戲的戶外教室？

第6週(5天)	專題里程#6：慶祝活動與戶外教室導覽

待解決的關鍵問題：我們將如何與我們的家人分享我們的學習，以及我們戶外教室的各個部分？

	學習目標/結果	課程步驟	搭建鷹架	形成性評量	反思
第1天	學生透過繪製一張構想清單來決定他們要如何分享他們的戶外教室。	會議主題：「你們想如何分享我們的學習成果以及我們戶外教室的一切？」(這可以是預先做好的計畫，也可以開放納入學生想法。) 學生提出建議，但也有老師預定的構想。包括： ・邀請家長光臨，然後分成小組，讓孩子向他們展示周遭的空間。 ・學生也和家長分享他們的平面圖、樂器和木偶。 2. 互動寫作：學生製作給家長的邀請函。	・在互動寫作之中納入照片和手勢。 ・孩子使用字母表來找出並寫出信中字彙的起首字音。		

第2天	孩子計劃他們在導覽戶外教室時要說什麼。	1. 老師可以用腳本的形式寫下來，或是孩子可以站著練習。 2. 兩三人一組練習導覽這個空間，並且分享他們要講解哪個區域，以及其順序。 3. 幻燈片放映：學生針對記錄戶外教室過程的攝影幻燈片口述一行圖說。 4. 幾位學生自願分享較大的專題（在團體前面練習解說）。	預先將孩子可以會說的話做好筆記（母語非英語或有特殊需求的學生）。	教師觀察：所有的學生（在小組裡）練習用木偶、樂器和平面圖。每位學生為幻燈片提供簡單說明。
第3天	學生為他們的報告做練習。（PBLWorks報告評分表）	1. 溫習 PBLWorks 報告評分表，並在必要時進行角色扮演。老師遵照「兩顆星星和一個願望」的腳本和針對性的提供回饋。 2. 腦力激盪列出我們認為家長可能會詢問的問題清單，並且繪製回應的圖表。 3. 使用評分表提供有關報告技巧的回饋。	母語非英語的學生如果有所困難，可覺得在介紹上有所困難及以先準備好作品及區域的腳本。另一種做法是將英語為母語的學生分配在同一個小組，隨時提供幫助和支援。	圍成一圈討論主題：如果我們在跟家人分享時，感到很緊張該怎麼辦？

| 第4天 | 慶祝活動與戶外教室導覽（這可以根據學生的構想修訂）
1. 父母和家人抵達。
2. 分享照片幻燈片和學生的圖說。
3. 學生志工分享整個過程。
4. 學生二至三人一組，給父母教室平面圖，並為他們導覽戶外教室，介紹各區域的用途及我們為什麼想要擁有這樣個區域。
5. 孩子分享他們的木偶和樂器，仔細描述設計過程，以及初始的設計。 | |
| 第5天 | 請學生反思自己在專題中學會了什麼，以及是如何學會的。

象限圖： | |

我們做了什麼	什麼做成了
什麼還要繼續努力	下一次的構想

請團聚起來：與你的家人分享學習成果的過程中，你最喜歡的部分是什麼？

提醒：可以在 pblworks.org 上找到這份計畫書的空白版本。

其他資源及參考文獻

　　下方連結為本書其他資源及參考文獻，惠請讀者下載參考，做進一步的延伸閱讀。

專題式學習，從小就能開始/莎拉.列夫(Sara Lev),
阿曼達.克拉克(Amanda Clark), 艾琳.史塔基(Erin
Starkey)作. -- 第一版. -- 臺北市 : 親子天下股份有
限公司, 2022.04
352面 ; 14.8×21公分. -- (學習與教育系列 ; 232)
ISBN 978-626-305-202-4(平裝)

1.CST: 幼兒教育 2.CST: 課程設計 3.CST: 教學法

523.2   111003745

學習與教育 232

專題式學習，從小就能開始
Implementing Project Based Learning in Early Childhood
Overcoming Misconceptions and Reaching Success

作者／莎拉‧列夫（Sara Lev）、阿曼達‧克拉克（Amanda Clark）、
　　　艾琳‧史塔基（Erin Starkey）
責任編輯／黃麗瑾
編輯協力／李佩芬
校對／魏秋綢
封面、版型設計／FE設計工作室
內頁排版／立全電腦印前排版有限公司
行銷企劃／陳筱婷

天下雜誌群創辦人／殷允芃
董事長兼執行長／何琦瑜
媒體暨產品事業群
總經理／游玉雪
副總經理／林彥傑
總監／李佩芬
行銷總監／林育菁
版權主任／何晨瑋、黃微真

出版者／親子天下股份有限公司
地址／台北市104建國北路一段96號4樓
電話／（02）2509-2800　傳真／（02）2509-2462
網址／ www.parenting.com.tw
讀者服務專線／（02）2662-0332　週一～週五：09:00~17:30
讀者服務傳真／（02）2662-6048
客服信箱／ parenting@cw.com.tw
法律顧問／台英國際商務法律事務所‧羅明通律師
製版印刷／中原造像股份有限公司
總經銷／大和圖書有限公司　電話：（02）8990-2588

出版日期／ 2022年 4 月第一版第一次印行
　　　　／ 2023年11月第一版第四次印行
定　價／ 500元
書　號／ BKEE 232P
ISBN ／ 978-626-305-202-4（平裝）

_____

訂購服務：
親子天下 Shopping ／ shopping.parenting.com.tw
海外‧大量訂購／ parenting@cw.com.tw
書香花園／台北市建國北路二段6巷11號　電話 (02) 2506-1635
劃撥帳號／ 50331356 親子天下股份有限公司